예수의 인성

김요셉

예수의 인성

초판 1쇄 인쇄　2025년　5월 2일
초판 1쇄 발행　2025년　5월 9일

지은이 | 김요셉
펴낸이 | 김경일
펴낸곳 | (주) 도서출판 에제키엘
출판등록 | 2005.01.20 (제 2005-10호)
주소 | 경기도 파주시 파발로 26번길
홈페이지 | http://insung.quv.kr
전화번호 | 010-7281-1678
메일 | hisown@hanmail.net

ISBN 978-89-961793-8-2-00230

" 추천의 글 "

송길원 목사

(하이패밀리 대표, 동서대학교 석좌교수)

"진리는 설득하지만 아름다움은 매료시킨다" 작가이면서 기독교 신학자인 알리스터 맥그래스(Alister McGrath)가 한 말입니다. 오랫동안 제 가슴을 울렸고 지금도 마찬가지입니다. 사람을 매료시키는 것은 외모나 능력이나 업적에 있는 것이 아닌 성품에 있다고 할 수 있습니다.

성경은 성령의 아홉가지 열매를 이렇게 소개합니다.

"사랑과 희락과 화평과 오래 참음과 자비와 양선과 충성과 온유와 절제니…" 저는 이 말씀을 이렇게 읽습니다. "이를 '행동'으로 보여주는 아름다움을 막을 법이 없느니라."

김목사님의 책은 진리를 선포하고 알려주는 것에 머물지 않고 독자로 하여금 '행동'할 것을 독촉합니다. "행동행동행동행동행동행동행동행동" 이랬더니 어느새 아홉 가지 행동이 '동행'으로 바뀌어 읽는 것을 체험했습니다. '동행동행동행'

온 가족이 함께 이 행복한 동행을 하라는 응원가만 같습니다. 그러다 보면 우리 가정은 금새 천국이 되겠지요. 또한 모든 그리스도인들이 이 '아름다운' 책을 통해 세상을 '구원'할 수는 없을까요?

"아름다움이 세계를 구원할 것이다"
도스토예프스키의 〈백치〉에 등장하는 미쉬킨 왕자의 말입니다.

"이 아름다운 책을 통해 세상을 구원할 수는 없을까요?"

송길원 목사 (하이패밀리 대표, 동서대학교 석좌교수)

강성열 교수

(호남신학대학교 구약학 교수)

구약성경에 보면, 하나님의 영, 곧 성령은 인간과 자연을 포함한 모든 피조 세계에 생기와 활력을 줌으로써 만물을 새롭게 하는 일을 합니다. 특히 인간의 생명력과 에너지를 활성화시키고 동력화시키는 역할을 수행합니다. 그런가 하면 신약성경의 오순절 사건에서 보듯이, 성령은 사람들로 하여금 회개하고 예수의 이름으로 세례를 받고 성령을 받아 패역하고 악한 세대에서 구원을 받을 수 있게 하며, 위로부터 임하는 하나님의 초월성에 의지하여 모든 이웃과 더불어 정의롭고 평화로운 세계를 만들 수 있게 합니다.

성령의 이러한 특징을 가장 잘 압축해 주고 있는 말씀이 바로 이 책의 저자가 해설하고자 하는 갈라디아서 5:22-23이 아닌가 싶습니다. 성령의 아홉 가지 열매를 제시하고 있는 이 본문은 신구약성경에 나오는 다양한 성령의 활동들을 한눈에 알아볼 수 있게 만드는 매우 귀한 말씀이 아닐 수 없습니다. 특히 오늘날 우리가 사는 시대가 차가운 이성이나 지성보다는 따스한 감성과 풍성한 삶의 영성을 한층 절실하게 필요로 하는 시대이기에 더욱 그렇습니다.

이러한 시대 상황을 누구보다도 잘 알고 있는 저자는 성령의 아홉 가지 열매를 다양한 명언들과 예화들을 통해서 누구나 쉽게 이해할 수 있도록 평이한 문체로 잘 설명해주고 있습니다. 성경 속의 주요 인물들과 동서고금의 유명 인사들이나 신앙인들을 예로 들어가면서 성령의 열매들을 순차적으로 알기 쉽게 설명하는 저자의 부지런함과 성실함에 경의를 표합니다.

아무쪼록 이 책을 읽는 모든 사람들이 저자와 마찬가지로 하나님의 영에 사로잡힌 자들이 됨으로써, 성령의 아홉 가지 열매들을 통하여 자신의 인성과 품성을 새롭게 하고, 자신이 속한 세계를 포함한 피조 세계 전체를 새롭게 하는 귀한 하나님의 사람들이 되기를 간절히 바라는 마음으로, 이 책을 꼭 읽어볼 것을 적극 추천합니다.

"피조 세계 전체를 새롭게 할 귀한 하나님의 사람의 책"

강성열 교수 (호남신학대학교 구약학 교수)

" 저자의 변(辯) "

"예수의 인성"이라는 이 책은 참으로 저의 신학적, 철학적, 인문학적 결과물들을 총 동원하여 "성령의 9가지 열매"를 현대적으로 재해석한 획기적이고 혁명적인 책이라 할수 있습니다.

구약성경에서 하나님은 율법(말씀)에 순종할 때 큰 축복을 약속하십니다. 그 (율법)말씀이 신약으로 와서는 예수 그리스도이심을 기억한다면, 이제 하나님의 큰 축복을 받는 비결은 바로 예수 그리스도의 인성(품성)을 닮는 것임을 우리는 쉽게 유추해 볼 수 있습니다.

그래서 예수께서는 그의 공생애를 처음 시작하시면서 산상에서 우리에게 팔복의 성품의 변화로 시작하신 것도 전혀 우연이 아닌 것임을 우리는 알수 있습니다. 이러한 예수 그리스도에로의 성품의 변화는 그 절정은 "성령의 9가지 열매"임을 부인할수 없을 것입니다.

예수께선 팔복에서 인성(성품)의 변화가 축복(bless), 행복(happy)의 기저임을 분명히 역설하십니다.

"심령이 가난한 자는 복이 있나니 천국이 그들의 것임이요"
(Blessed are the poor in spirit, 마태복음 5:3, NIV)

5

다른 영어성경에서는 이렇게 번역합니다.

"심령이 가난한 자는 복이 있나니 천국이 그들의 것임이요"

(happy are the poor in spirit, 마태복음 5:3)

축복과 행복의 열쇠는 바로 인성(성품)의 변화임을 예수께서는 산상수훈의 그 첫 설교에서 말씀하신 것입니다.

이는 한국교회가 그동안 간과해온 "성결"과 "성화"에 대한 문제들도 해결될수 있는 큰 혜안을 가지게 할수 있는 책이라 저는 자부합니다.

감히 이 책은 "성령의 9가지 열매"에 대한 현대적 재해석을 주는 코페르니쿠스적인 획기적이고 혁명적인 책이라 자부합니다. 이 책을 읽은 분들은 이전과는 다른 새로운 하나님의 사람으로 반드시 변모될 것이라고 자부합니다.

단언하건데 현재 한국 사회 및 한국 교회가 가지고 있는 모든 문제는 모두 "인성(성품)"의 문제로부터 시작됩니다. 이 책을 통하여 한국교회와 한국사회에 놀라운 변화가 시작될 것을 저는 확신합니다.

2025년 4월 파주골에서 저자 김요셉 배상

목 차

| 1장 | 사랑하라

| 4장 | 인내하라

| 5장 | 자비하라

| 6장 | 온유하라

| 7장 | 선하라

| 8장 | 충성하라

|9장| 절제하라

"난향백리(蘭香百里) 난의 향기는 백리를 가고

묵향천리(墨香千里) 묵의 향기는 천리를 가지만

덕향만리(德香萬里) 덕의 향기는 만리를 간다"

성숙한 인성은 반드시 살아남습니다

"많은 사람들이 지식을 가지고 잠시 성공한다.
몇몇 사람들이 행동을 가지고 조금 더 오래 성공한다.
소수의 사람들이 인격을 가지고 영원히 성공한다" (존 맥스웰)

"태도는 나의 과거를 보여주는 도서관, 나의 현재를 말해주는 대변인, 나의 미래를
말해주는 예언자, 인생이 우리를 대하는 태도는 내가 인생을 대하는 태도에 달려있다.
태도가 결과를 결정한다" (존 맥스웰)

기자가 투자계의 정설인 모건과의 인터뷰에서 이렇게 질문하였다고
합니다.[1]

"당신이 생각하는 성공의 조건은 무엇입니까?"
"인성입니다"

다시 기자는 모건에게 다시 물었다고 합니다.
"그렇다면 자본과 자금 중에 어느 것이 더 중요합니까?"

그러자 모건은 지체하지 않고 대답하였다고 합니다.
"자금과 자본보다도 더 중요한 것은 인성입니다"

---

[1] 하버드대 인생학 명강의 "어떻게 인생을 살것인가"
　　(다연출판사)에서 인용

1998년 5월, 워싱턴대학교에서 세계적인 부호 워런 버핏과 빌 게이츠의 초청 강연이 이뤄졌습니다. 강연이 끝나고 질의 응답시간에 한 학생이 묻습니다.

"신보다 더 부자가 된 비결을 알고 싶습니다."

사실 성공이란 여러 요소가 복합적으로 작용한 결과이기에 학생이 던진 질문은 받아들이기에 따라 꽤나 대답하기 까다로울법한 문제였다.

그러나 버핏의 대답은 간결했다.
"아주 간단합니다. 비결은 좋은 머리가 아니라 인성입니다."

그러자 빌게이츠가 그의 말을 거들었다.
"저도 버핏의 말에 100퍼센트 동의합니다."

이 세상에 똑같은 사람은 존재하지 않지만 성공하는 사람들의 면면을 살펴보면 놀랍도록 닮아 있습니다. 그 중에서도 특히 인성이 그러합니다.

하버드대에서는 '하버드 인성'이라는 고유명사가 있을 정도로 훌륭한 인성을 강조하는데, 여기에는 용감함, 강인함, 독립적 사고력, 겸손함, 부지런함, 배움을 향한 열정과 노력 등이 포함되어 있습니다.

이렇듯 좋은 인성을 가진 사람은 자연스럽게 건강한 정신과 바른 행동 자세로 일상생활은 물론 학업이나 일에서도 좀더 수월하게 많은 성과를 거둘 수 있고, 나아가 더 나은 자아를 만들 수 있습니다.

'좋은나무 성품학교'를 운영하는 이영숙 박사는 성품을 이렇게 정의합니다.

"성품은 한 사람의 생각, 감정, 행동의 총체적 표현이다"

그러니까 한 사람의 인지적 측면과 감정적 측면, 그리고 행동으로 나타나는 모든 것이 종합적으로 드러나고 나타나는 것이 성품이라는 것입니다. 이 성품의 정의를 보면 성품은 그저 우리의 내면적 성향에 그치는 것이 아니라, 그것이 내 안에서 생각하고, 느끼고, 행동하게 만드는 것으로 드러나게 된다는 것입니다.

그래서 성품은 반드시 밖으로 표현되게 되어 있습니다. 말하는 것을 통해서, 다른 사람을 대하는 것을 통해서, 역경이나 시험을 당할 때 대처하는 자세를 통해서, 일을 해나가는 모습을 통해서 반드시 드러나게 되어 있습니다.

특히 성품은 평소에는 잘 드러나지 않다가도, 위기나 역경이나 시련이나 갑작스런 돌발상황을 만나면 적나라하게 드러나기 쉽습니다. 그래서 대부분의 사람들은 평소에는 그렇게 좋아보일 수 없는데, 대화가 깊어지고, 논쟁을 해보면, 그리고 갈등이 생기게 되면 안에 감추고 숨겨져 있던 성품들이 다 드러나게 됩니다.

하인리히 법칙

'하인리히 법칙'이라는 법칙이 있습니다.

하인리히 법칙은 1931년 허버트 윌리엄 하인리히가 펴낸 이라는 책에서 소개된 법칙입니다. 이 책이 출간되었을 당시 하인리히는 미국의 트래블러스 보험사의 손실통제 부서에 근무하고 있었습니다. 업무 성격상 수많은 사고를 접했던 하인리히는 산업재해 사례 분석을 통해 통계적 법칙을 발견했습니다.

그것은 산업재해가 발생하여 중상자가 1명 나오면, 그전에 같은 원인으로 발생한 경상자가 29명, 같은 원인으로 부상을 당할 뻔한 잠재적 부상자가 300명 있었다는 사실이었습니다.

그래서 하인리히 법칙을 1:29:300법칙이라고도 부릅니다. 큰 사고는 우연히 갑작스럽게 발생하는 것이 아니라 그 이전에 반드시 작은 사고들이 반복되는 과정 속에서 발생합니다. 큰 사고는 항상 사소한 것들을 방치할 때 발생한다는 것입니다. 사소한 문제가 발생했을 때, 그 원인을 파악하고 잘못된 점을 고치면 큰 사고를 방지할 수 있습니다. 그러나 작은 경고에도 이를 무시하면 돌이킬 수 없는 큰 사고가 일어납니다.

이 원리는 성품의 원리에도 정확히 적용됩니다. 우리에게 성령의 9

가지 아름다운 강력한 성품의 열매가 맺히지 않는다면 그 사람은 반드시 무너지고 회복이 불가능합니다.

성령의 9가지 아름다운 강력한 성품의 열매가 나의 작은 일상의 삶 속에서 맺히지 않는다면 그 사람은 작고 나쁜 품성들이 쌓이면 하인리히 법칙 즉, 1:29:300 법칙처럼 반드시 큰 문제와 영적 붕괴로 이어진다는 중요한 사실입니다.

인성과 성품이 중요한 이유는 성숙한 인성과 성품을 가진 사람은 어떠한 위기 속에서도 반드시 살아남고 인정받고 성숙한 인성과 성품을 가진 사람만이 어떠한 오해와 비난 속에서도 반드시 회복되고 재기하고 생존할수 있습니다.

. "아무리 실력이 좋아도 정상의 무게를 견뎌낼 만한 인성이 없으면 잠깐 올라섰다가도 곧 떨어지게 된다" (조훈현)

겉으로 교언영색하고 화려해보이지만 성령의 9가지 아름다운 강력한 성품의 열매가 맺히지 않는다면 그 사람은 반드시 무너지고 회복이 불가능합니다.

오직 성숙한 인성만이 살아남습니다. 인성은 가장 아름다운 보석입니다.

인성은 가장 아름다운 보석입니다

다음과 같은 옛 시가 있습니다.

화향백리(花香百里) 꽃의 향기는 백리를 가고,

주향천리(酒香千里) 술의 향기는 천리를 가지만,

인향만리(人香萬里) 사람의 향기는 만리를 간다.

같은 뜻의 다음 시도 널리 인구에 회자 되고 있습니다

난향백리(蘭香百里) 난의 향기는 백리를 가고,

묵향천리(墨香千里) 묵의 향기는 천리를 가지만,

덕향만리(德香萬里) 덕의 향기는 만리를 간다.

향기에 대한 또 다른 명구에 다음과 같은 것도 있습니다.

꽃의 향기는 10리를 가고,

말의 향기는 100리를 가고,

베풂의 향기는 1,000리를 가고,

인품의 향기는 10,000리를 간다.

"향수 가게에 들어가서 향수를 사지 않아도, 나왔을 때에는 향수의 냄새가 나며

가죽 상점에 들어가서 가죽을 사지 않아도 대단히 나쁜 가죽 냄새가
몸에 옮겨온다" (탈무드)

"인성은 쉽고 조용하게 계발될 수 없다.
시련과 고통의 경험을 통해서만 영혼은 강해지고
야망이 고무되고 성공이 이뤄질 수 있다"
(헬렌 켈러)

"능력은 여러분을 정상으로 데려갈 수 있지만
인격은 여러분이 정상에 머물 수 있게 해 줍니다"
(지그 지글러)

| 1장 | 사랑하라

"사랑은 오래 참고

사랑은 온유하며 시기하지 아니하며

사랑은 자랑하지 아니하며

교만하지 아니하며

무례히 행하지 아니하며

자기의 유익을 구하지 아니하며

성내지 아니하며 악한 것을 생각하지 아니하며

불의를 기뻐하지 아니하며

진리와 함께 기뻐하고 모든 것을 참으며

모든 것을 믿으며 모든 것을 바라며

모든 것을 견디느니라"

(고전 13:4~7)

1장 사랑하라

지존파 연쇄살인범으로 사형을 당하였던 김현양은 감옥에서 신앙을 가지게 되었고, 그 김현양은 사형대 앞에서 이렇게 고백했다고 합니다.

"나는 세상에 사랑이 있는 줄 알았으면, 나는 살인자 사형수가 안됐다. 나는 세상에 사랑이 있는 줄 몰랐다. 이제 구속된 다음에야 사랑이 있는 줄 알았다 다시는 나같은 사람이 안 나오면 좋겠다. 그동안 고마웠습니다. 제가 먼저 하늘나라에 가서 기도하겠습니다"

사랑은 모든 것입니다

우리 인간의 삶에 사랑만큼 중요하고 사랑만큼 우리 인간에게 영향을 끼치는 것은 없습니다. 그래서 사랑은 인간의 삶에 가장 중요하고 절대적이며 모든 것이라고 말할수 있습니다.

심리학자들은 한 사람의 인격의 형성에 가장 큰 영향을 끼치는 것을 한 사람이 부모에게서 13세까지 어떠한 사랑을 받았는가를 지적합니다.

즉, 인간의 중대한 인격 형성은 한 개인이 부모에게서 13세까지 어떠한 사랑을 받았는가를 통하여 형성이 된다는 것입니다.

우리가 흔히 듣는 몇가지 성격 장애를 살펴봐도 그 진리는 명확합니다.

　반사회성 성격장애는 어린 시절의 학대가 결합되어 만들어지는 것으로 봅니다. 어린 시절의 학대의 트라우마로 과도한 충동성과 폭력성을 보이는 경향이 강해지는 것입니다.

　반사회성 성격장애는 어린 시절 부모에게 사랑이 아닌 학대와 방임으로 인한, 사랑 결핍으로 인해 타인과의 공감 능력이 떨어지는 사람들이 됩니다. 또한, 부모에게 사랑을 받지 못하여 사랑의 공감능력이 떨어져 감정의 수준도 낮아서 낮아서 타인과 애착 관계를 형성하지 못합니다.

　다시 말하면, 인간의 중대한 인격 형성은 한 개인이 부모에게서 13세까지 어떠한 사랑을 받았는가를 통하여 형성이 된다는 것입니다.

　어느 소아과 병원 의사 선생님이 파리하게 병든 어린 아이를 진찰하고 나서 이렇게 말했다고 합니다.

　"이 아이는 내가 고칠 수 있는 병에 걸린 것이 아닙니다. 내가 고칠 수 없는 병에 걸려 있습니다."

　그래서 어머니는 답답한 마음으로 "무슨 병에 걸렸다는 것입니까 ?" 하고 물었더니 그 의사는 대답했습니다.

"사랑이 부족해서 생긴 병입니다."

　다시 어머니는 물었습니다. "나는 이 어린 아이를 열심히 사랑했는데요."

　의사 선생님은 말합니다.

"어머니는 사랑했다고 하지만 이 어린 아이는 어머니의 사랑을 받은 흔적
이 없습니다."

사랑받느냐 학대받느냐, 인성의 결정

신경과학자인 짐 팰론 교수는 그가 자신이 사이코패스라는 사실을 알아차
리게 된 계기는 조금 독특했다고 합니다[2]

팰런 교수는 미국 캘리포니아-어바인대학교에서 정신의학과 인간 행동을
연구하였고 그는 살인범들의 뇌 스캔 사진을 분석하는 연구를 진행하던 중
이었고, 살인범의 뇌와 비교하기 위한 일반인 대조군이 필요했고, 팰런 교수
는 자신과 가족들의 뇌 사진을 찍었다고 합니다.

"전 '이게 누구든 사회에 돌아다니게끔 둬선 안 될 것 같다'고 말했어요. '지금까지
본 것 중 가장 사이코패스적 패턴이 분명하게 드러나는 뇌 사진이고, 아마 정말 위험한
사람일 것'이라고 했죠. 그러고나서 이름을 가리고 있던 종이를 떼어냈는데……. 그 뇌
사진의 주인은 바로 저였어요"

팰런 교수는 살인을 저지른 적도 없을 뿐더러 스스로를 '좋은 사람'이라고
묘사한다. 그런 그가 어떻게 사이코패스일 수 있을까? 그는 자신이 '친사회
적 사이코패스'라고 설명한다. "다른 사이코패스에게서 나타나는 반사회적,
범죄적 성향을 갖고 있지 않다"는 것이다.

전문가들은 사이코패스가 100명 중 1명 꼴로 나타난다고 추정한다. 폭력
범죄자 중 사이코패스가 많은 건 사실이지만 그렇다고 해서 모든 사이코패

---

2) 이하 BBC 뉴스코리아 2020년 3월 21일 기사중 인용

스가 폭력적 성향을 보이는 것도 아니다. 팰런 교수의 경우처럼 말이다.

그렇다면 사이코패스는 선천적인 것일까? 특정 성장 배경이 사이코패스를 만들어내는 것일까?

폭력적 성향을 띠는 사이코패스와 일반인의 뇌 스캔을 비교하자 뇌의 몇 군데에서 차이가 포착됐다. 폭력적 사이코패스는 타인의 감정을 이해하는 데 중요한 역할을 맡는 뇌 앞쪽 부분에 회백질 양이 상대적으로 적었다. 이 부위는 우리가 도덕적인 행동에 대해 생각할 때 활성화되는 부분이기도 하다.

또 사이코패스의 뇌는 두려움과 관련된 것으로 알려진 편도체의 크기가 상대적으로 작다는 특징을 보였다. 이런 특징이 어릴 때부터 나타난다면, 유전적으로 사이코패스적 기반을 갖고 있다고 볼 수 있다.

그러나 뇌를 일종의 근육이라고 생각하면, 사이코패스들은 '사이코패스의 뇌'를 갖고 태어난 게 아니라 특정 성장 환경이나 과정의 영향으로 관련 부분들을 발달시키지 못한 것일 수도 있다.

팰런 교수 가족의 사례를 들여다 보자.

팰런 교수는 2005년 자신이 전형적인 사이코패스의 뇌를 갖고 있다는 사실을 알게 된 뒤 조상에 대해 조사하기 시작했다. 그리고 자신의 조상 중 살인자가 7명이나 있었다는 사실을 알게 됐다. 팰런 교수는 몇 년 전 어머니가 넘겨준 6대조 할아버지 관련 책을 떠올렸다. 그는 1670년대 미국 식민사상 친모를 살해한 첫 번째 사람으로 기록돼 있었다.

사촌 리지 보든은 1893년 아버지와 새어머니를 도끼로 살해한 혐의로 기소됐다. 이후 증거 부족으로 무죄 판결을 받았지만, 이 끔찍한 살인사건을 둘러싼 논란과 관심은 오늘날까지도 이어지고 있다.

팰런 교수는 '살인자의 뇌와 유전자'를 갖고 있는데도 왜 살인자가 되지 않은 걸까?

질문의 답은 성장 배경에 있다. 사이코패스 유전자를 갖고 있더라도 어린 시절 그런 성향을 촉발할 계기가 있었는지 여부가 중요하다는 것이다.

팰런 교수는 "일명 '고위험군'에 속하는 유전자를 가지고 태어난 사람이 유년기에 학대를 당한다면 일생에 거쳐 범죄를 저지르게 될 확률이 훨씬 높아진다"고 설명한다.

그는 "그런 유전자를 갖고 있더라도 어린 시절 학대에 노출되지 않는다면 그다지 위험하지 않다"며 "유전자 자체는 한 사람의 행동에 큰 영향을 미치지 않는다. 다만 그 유전자가 어떤 환경에 놓이는지가 진짜 차이를 만든다"고 덧붙였다.

팰론 교수는 "믿을 수 없을 정도로 훌륭한 어린 시절을 보냈다"고 했다. 그 덕분에 나쁜 유전자가 발현되지 않았다는 것이다.

"어린 시절 기억을 떠올리거나 사진을 볼 때마다, 입가에 미소가 떠나지 않을 정도로 행복해요. 항상 그랬죠. 아마 그게 제가 가진 이런 유전적 특징들을 상쇄하고 씻어냈을 거예요."

연극성 성격장애도 마찬가지입니다. 연극성한 인격장애는 불우한 가족 관계에서 많이 나타나는 경향이있습니다.

사랑의 결핍, 성격장애

부모에게 받지 못한 사랑을 보상받기 위하여 연극성 성격장애는

① 자신이 다른 사람의 관심을 받지 못하고 있으면 불편해합니다.
② 부적절한 성적 유혹이나 자극적인 방법으로 대인 관계를 유지하는 경향이 있습니다.
③ 감정 기복이 심하거나 피상적인 감정 표현을 합니다.
④ 다른 사람의 관심을 끌기 위해 외모에 신경을 씁니다.
⑤ 아주 연극적이거나 인상적인 말을 하지만 구체적인 묘사를 하지는 못합니다.
⑥ 과장된 감정 표현과 극적인 행동을 합니다.
⑦ 다른 사람이나 환경 암시 등에 쉽게 영향을 받습니다.

이처럼 인간은 사랑이 절대적으로 충족되어야 사는 존재입니다.

한 개인이 부모에게서 13세까지 어떠한 사랑을 받았는가를 통하여 위와 같은 성격장애가 절대적으로 형성이 된다는 점에서 인간이 사랑에 얼마나 취약한 존재이고 인간 인격형성에 사랑이 얼마나 절대적인가를 곱씹어보게 됩니다

부언하여 사랑의 기술을 저술한 에리히 프롬은 사랑을 '주는 것'으로 강조하였습니다. 누가 사랑을 줄수 있을까요? 사랑을 받은 사람만이 사랑을 줄수 있습니다.

위의 반사회적 성격장애나 연극성 성격장애는 사랑을 줄 수 없습니다. 부모에게 사랑을 받지 못하여 현저히 공감능력이 떨어지고 자존감도 떨어져있습니다.

지존파 연쇄살인범으로 사형을 당하였던 김현양은 감옥에서 신앙을 가지게 되었고 그 김현양은 사형대 앞에서 이렇게 고백하였다고 합니다.

"나는 세상에 사랑이 있는 줄 알았으면, 나는 살인자 사형수가 안 됐다. 나는 세상에 사랑이 있는 줄 몰랐다. 이제 구속된 다음에야 사랑이 있는 줄 알았다 다시는 나기 같은 사람이 안 나오면 좋겠다. 아유, 그동안 고마웠습니다. 제가 먼저 하늘나라에 가서 기도하겠습니다. 고맙습니다"

사랑을 받은 자만이 사랑을 줄수 있습니다. 그런 의미에서 혼기를 앞둔 청년들은 상대 배우자의 가정을 잘 살펴보는 것이 중요합니다. 상대 배우자 가정에 사랑이 가득한가를 보면 상대 배우자 역시 사랑이 많은 가정에서 성장하였기에 배우자에게 사랑을 줄수 있기 때문입니다.

성품이 밝고 따뜻하고 티없는 사람은 사랑이 풍족한 가정에서 커 온 사람이 분명합니다.

사랑의 기술을 저술한 에리히 프롬은 사랑을 '주는 것'으로 강조하면서 남자의 사랑의 결정체인 정자를 여성의 생명의 밭인 난자에 줌으로써 새 생명이 잉태되는 것임을 기술합니다.

이 또한 인간은 절대적으로 사랑의 결정체(정자)로부터 존재케되어진 존재임을, 즉 사랑이 인간의 존립의 근원이 바로 사랑안에 터잡고 있음을 분명히 보여주고 있습니다. 그런 의미에서 사랑은 생명 형성의 근원인 것입니다.

사랑은 '대가에 대한 아무런 기대없이 그저 베풀고 하고 싶어하는 느낌'입니다. 사랑은 완전히 그저 주는 것입니다. 그리고 사랑은 변하지 않는 것입니다. 그리고 사랑은 변하지 않는 태도입니다. 사랑은 변하지 않습니다. 우리가 가지고 있는 사랑은 모든 사람에게 똑같이 적용됩니다. 가족을 사랑하는 것과 똑같이 낯선 사람도 사랑합니다. 우리는 낯선 사람을 사랑할 수 있는 그 만큼만 가족을 사랑할 수 있습니다.

인생에서 경험하는 사랑의 종류 4가지

그렇다면 우리 인간은 살아가면서 어떠한 사랑을 경험하게 될까요? 일반적으로 4가지의 사랑으로 분류해볼 수 있겠습니다.

에로스, 필리아, 스톨케, 아가페입니다.

에로스는 남녀간의 사랑입니다. 우리가 에로스 하면 에로를 생각하여 약간 저질스러운 것으로 '성적인 욕구'를 의미하는 단어로 생각하기 쉽지만 잘 알려진 '큐피드의 화살'에서 큐피드가 바로 에로스입니다.

에로스라는 용어는 사랑하는 이성을 만났을 때 우리의 마음이 강력히 이성의 매력에 빠지는 순수한 사랑이 바로 에로스인 것입니다.

두번째 필리아입니다. 필리아는 우정입니다. 성경에서 말하는 다윗과 요나단의 우정이 참된 우정이 어떠할수 있음을 보여줍니다.

세번째는 스톨케입니다. 스톨게는 부모와 자식의 사랑입니다. 자식을 위해서라면 무엇을 주어도 부모 자신을 희생하여도 아깝지 않은 헌신적인 사랑입니다.

네번째는 아가페입니다. 하나님의 사랑입니다. 신적인 사랑입니다.

홍수가 나면 제일 많이 볼수 있는 것이 물입니다. 온 천지가 물입니다. 그런데 홍수가 나면 제일 얻기 힘든 것, 제일 귀한 것도 물입니다. 마실 물을 구하기가 정말 힘듭니다. 이것은 얼마나 역설적인 현상인지요? 지금 우리가 살고 있는 시대는 가히 사랑의 홍수시대라고 할만 합니다.

TV를 틀어 보십시오. 음악을 들어 보십시오, 영화를 보십시오. 연극을 관람해 보십시오. 잡지를 보십시오. 모두가 사랑을 말하고 있습니다. 온 천지가 사랑을 말하고 사랑을 노래하고 있습니다. 그런데 사람들이 병들어 가는 이유, 외로워하는 이유, 갈라지는 이유, 등을 돌리는 이유, 피 흘리고 싸우는 이유, 왜 그런지 아시지요. 사랑이 없어서 입니다. 사랑의 고갈 때문입니다. 이 얼마나 역설적인 세상입니까?

온 세상에 사랑의 단어가 넘쳐 나는데 아직도 세상이 찾고 있는 것, 사랑입니다. 세상은 아직도 진정한 사랑의 모습을 보지 못하고 있는 것입니다. 그리고 무엇보다 우리가 사랑해야 할 진정한 이유를 알지 못하고 있는 것입니다.

사랑 수용성, 온전한 사랑은 세상을 변화시킨다

온전하게 받은 사랑은 세상을 변화시킵니다. 그런 의미에서 온전하게 받은 사랑이 매주 중요합니다. 이것을 저는 사랑 수용성이라고 부릅니다.

부모로부터의 온전한 사랑, 성장하면서 이웃으로부터 받는 온전한 사랑의 지지는 그 한 개인을 사랑으로 충만하게하며 그 사랑의 힘으로 이 세상을 변화시킬수 있는 놀라운 에너지를 축적하게 되는 것입니다.

태양을 발견한 사람은 전구 빛에 만족할수 없습니다. 최고의 태양빛을 발견했기 때문입니다. 마찬가지로 부모로부터의 온전한 사랑, 성장하면서 이웃으로부터 받는 온전한 사랑의 지지를 받은 사람은 그안에서 온전한 지지와 사랑이 있기에 이 세상의 차별과 편견에 휘둘리지 않습니다.

이는 이미 그 안에 있는 사랑이 이 세상을 변화시키는 놀라운 동력이 됩니다. 이것을 저는 사랑 수용성이라고 부릅니다.

회복탄력성 역시 부모로부터의 온전한 사랑, 성장하면서 이웃으로부터 받는 온전한 사랑의 지지로부터 오는 사랑 수용성으로부터 오는 것입니다.

또한 이러한 온전한 사랑은 책임지는 사랑입니다. 부모로부터의 온전한 사랑, 성장하면서 이웃으로부터 받는 책임지는 사랑의지지, 책임지는 온전한 사랑을 경험하였기에 그의 안에서 어떠한 사랑의 결핍함이 존재하지 않는 것입니다.

"사랑 안에 두려움이 없고 온전한 사랑이 두려움을 내쫓나니 두려움에는 형벌이 있음이라 두려워하는 자는 사랑 안에서 온전히 이루지 못하였느니라" (요일 4:18)

끝까지 책임지지 않는 것은 사랑이 아닙니다. 끝까지 책임지는 사랑을 경험한 사람은 의 안에서 어떠한 사랑의 결핍함이 존재하지 않는 것입니다.

이러한 사랑을 예수님은 보여주셨습니다.

"유월절 전에 예수께서 자기가 세상을 떠나 아버지께로 돌아가실 때가 이른 줄 아시고
세상에 있는 자기 사람들을 사랑하시되 끝까지 사랑하시니라" (요 13:1)

"내가 너희에게 분부한 모든 것을 가르쳐 지키게 하라
볼지어다 내가 세상 끝날까지 너희와 항상 함께 있으리라 하시니라" (마 28:20)

더욱이 예수님의 사랑은 책임지지도 않아도 될 인간의 죄까지 담당하신
책임 초월의 사랑입니다.

"그는 실로 우리의 질고를 지고 우리의 슬픔을 당하였거늘 우리는 생각하기를 그는 징벌을
받아 하나님께 맞으며 고난을 당한다 하였노라 그가 찔림은 우리의 허물 때문이요 그가
상함은 우리의 죄악 때문이라 그가 징계를 받으므로 우리는 평화를 누리고 그가 채찍에
맞으므로 우리는 나음을 받았도다" (사 53:4~5)

그가 찔림은 우리의 허물 때문이었고 그가 상함은 우리의 죄악 때문이었
습니다. 예수님의 책임지지도 않아도 될 인간의 죄까지 담당하신 책임 초월
의 사랑입니다.

끝까지 책임을 지는 차원의 정도의 책임이 아니라 자신의 책임이 아닌 것
까지 책임지는 책임 초월의 사랑을 예수님은 보여주십니다.

하나님의 성품 역시 끝까지 책임지시는 분이신 것을 우리는 알수 있습니
다.

> "하나님은 사람이 아니시니 거짓말을 하지 않으시고 인생이 아니시니 후회가 없으시도다
> 어찌 그 말씀하신 바를 행하지 않으시며 하신 말씀을 실행하지 않으시랴" (민23:19)

20여년 간 몇몇 종교심리학자들이 (Lee A. Kirkpatrick & Philip R. Shaver) 청소년의 회심 체험에 대한 매우 흥미로운 연구 결과를 발표하였다. 청소년기에 갑작스럽게 기독교 신앙으로 개종하는 많은 아이들 가운데는 어린 유아기에 부모의 애착을 경험하지 못한 아이들이 많다는 결론이었다. 하나님의 사랑을 접하였을 때, 그 사랑을 경험하지 못한 아이들은 매우 빠르게 복음에 반응한다는 것이었다. 이 연구는 우리에게 중요한 교훈을 주고 있다3)

영국의 존 헤인스는 클리콥스 해변을 배회하는 노숙자였습니다.

여자친구가 다른 남자와 바람피우는 현장을 목격하고 분을 참지 못해 폭력을 휘둘렀다가 3년의 옥살이를 하고, 출소 뒤 삶의 의욕을 잃고 거리에서 구걸하며 지냈습니다. 때때로 새로운 시작을 해보려고 했음에도 사회의 벽은 녹록지 않았고 존은 오히려 인생을 완전히 포기했습니다.

그러던 어느 날, 평소처럼 거리에 가만히 앉아 구걸을 하던 존의 옆에 한 아름다운 여성이 다가와 말을 걸었습니다.
"나는 니콜이라고 해요. 당신의 이야기를 들을 수 있을까요?"

복지시설에서 일하는 니콜은 퇴근을 하다가 우연히 보게 된 존에게서 긍휼의 감정을 느꼈습니다. 그렇게 매일 찾아오던 니콜과 이야기를 나누던 잭은 대화를 통해 마음의 상처를 치유 받고 삶의 새로운 목적을 찾았습니다.

---

3) 고신대, 하재성 교수 논문중 인용

니콜의 도움으로 노숙 생활을 청산하고 마약중독에서도 벗어나 조경사로 새로운 삶을 살고 있는 잭은 사랑이 아니었다면 절대로 다시 시작할 수 없었을 것이라고 사람들에게 심정을 고백했습니다[4]

사랑은 우리가 살아가는 이유이자 삶을 움직이는 가장 강력한 힘이다. 인간이 존재하는 한 사랑은 늘 함께하며 우리의 감정과 행동을 형성하고 삶의 방향을 결정짓는다. 사랑은 단순한 감정이 아니라 우리를 성장시키고 변화시키며 때로는 치유하는 힘을 가진다 사랑이. 우리 삶에 미치는 영향은 가늠할 수 없을 만큼 크고 깊다[5]

사랑은 우리가 태어나는 순간부터 시작된다. 부모의 사랑 속에서 우리는 세상을 배운다. 부모의 손길 따뜻한 품, 부드러운 목소리는 아기에게 안정감을 주고 세상에 대한 신뢰를 형성하게 만든다. 부모가 전하는 사랑은 단순히 생존을 위한 돌봄을 넘어 우리의 감정을 형성하고 다른 사람들과 관계를 맺는 방법을 배우게 한다.

어린 시절 받은 사랑은 우리의 자존감과 삶의 태도를 결정짓는 중요한 요소가 된다.

사랑은 삶의 원동력이자 우리가 살아가는 이유가 된다 누군가를 사랑할 때 우리는 더 나은 사람이 되기를 원하고 사랑하는 사람의 행복을 위해 노력한다. 사랑은 이기적인 존재인 인간을 이타적으로 변화시킨다.

나만을 위해 살아가던 사람이 사랑하는 사람을 위해 기꺼이 희생하고 상

---

4) "김장환, 큐티365"(나침반 출판사)
5) 이하 우보천리의 브런치 스토리 글 중 인용

대를 위해 작은 것이라도 더 해 주고 싶어지는 마음 그것이 사랑이 가진 가장 위대한 힘이다.

사랑은 우리를 치유하기도 한다 삶을 살아가다 보면 우리는 누구나 상처를 받는다, 실패 실망 외로움 슬픔과 같은 감정들이 우리를 힘들게 할 때 사랑은 그 상처를 감싸고 아물게 만든다 사랑하는 사람의 따뜻한 말 한마디, 손길 하나가 우리가 다시 일어설수 있게 하는 이유가 된다. 사랑은 단순한 감정이 아니라 마음을 치유하는 강력한 힘이다.

사랑은 우리의 삶을 변화시키는 가장 강력한 힘이다. 사랑을 통해 우리는 성장하고 변화하며 더 나은 사람이 되어 간다. 사랑은 우리의 감정을 풍부하게 만들고 인생을 살아가는 이유를 제공한다 .사랑 없이 살아가는 삶은 단순한 생존일 뿐 진정한 의미를 찾기 어려울 것이다.

사랑은 우리를 연결시킨다. 서로 다른 환경에서 살아온 사람들이 사랑을 통해 하나가 되고 공감하고 이해할수 있게 만든다. 사랑은 언어와 문화를 초월하여 인간을 하나로 묶어 주는 힘이다. 그것이 바로 사랑이 우리 삶에 미치는 가장 중요한 영향 중 하나다.

사랑은 우리가 주고받으며 더욱 커지는 감정이다. 누군가를 사랑할 때 우리는 더 많이 베풀고 싶어지고 그 사랑을 받은 사람은 또 다른 사람에게 사랑을 나누게 된다 사랑은 그렇게 끝없이 이어지는 선순환을 만들어 낸다. 그리고 그 과정 속에서 우리는 더 따뜻한 세상을 만들어 갈 수 있다.

사랑은 우리의 삶을 더욱 의미 있게 만든다. 사랑하는 사람과 함께하는 시간 그 안에서 나누는 대화와 미소, 서로를 향한 배려와 따뜻함 그런 순간들이 모여 우리의 삶을 더욱 풍요롭고 아름답게 만든다. 사랑이 있는 삶은 단순한 하루하루의 연속이 아니라 특별한 순간들의 연속이 된다.

사랑은 우리에게 용기를 준다. 두려움과 불안 속에서도 사랑하는 사람과 함께라면 우리는 어떤 어려움도 견딜수 있다. 사랑하는 사람이 있다는 것만으로도 우리는 혼자가 아니며 그 사랑 속에서 힘을 얻고 다시 일어설수 있다. 사랑은 우리에게 살아갈 이유를 주는 가장 큰 힘이다.

"사랑 안에 두려움이 없고 온전한 사랑이 두려움을 내쫓나니 두려움에는 형벌이 있음이라 두려워하는 자는 사랑 안에서 온전히 이루지 못하였느니라" (요일 4:18)

사랑은 하나님이 하시는 유일하신 일입니다

오늘 본문 요한 1서 4장에서 사도요한은 예수님을 믿고 진정한 사랑을 경험했습니다. 사도 요한은 우리가 서로 사랑하며 살아야 할 이유를 무엇이라고 가르치고 있습니까?6)

성부 하나님은 사랑의 근원(fountain)이시다

8절을 보십시오. "사랑하지 아니하는 자는 하나님을 알지 못하나니 이는 하나님은 사랑이심이라"고 하셨습니다. 여기서 사도 요한은 하나님이 사랑이시라고 선언하십니다. 사랑은 하나님의 본질이요 속성인 것입니다. 한 신학자는 사랑은 하나님이 하시는 여러 가지 일중의 하나가 아니라, 하나님이 하시는 유일하신 일이라고 했습니다.

---

6) 이하 옥한흠 글 인용

고대 종교회의인 칼케돈 회의에서는 예수그리스도 안에 인성과 신성이 어떻게 연합되어 있는지를 결정한 회의였습니다. 사도요한의 말을 빌리자면 삼위일체 하나님은 같은 비유로 사랑으로 연합되어 있고 연결되어 있다는 것입니다.

우주 만물을 창조하신 일도, 사랑하시기 때문입니다. 만물은 그의 사랑의 표현입니다. 이 만물이 소생하는 봄의 계절, 푸릇 푸릇 돋아나는 새싹들을 보십시오. 하나님은 사랑이시라고 노래하고 있지 않습니까? 피어나는 꽃들을 보십시오. 하나님은 사랑이시라고 노래하지 않습니까? 어머니의 품에서 태어나 힘차게 울어대는 새 생명들을 보십시오. 하나님은 사랑이시라고 소리치지 않습니까?

그가 우리를 구원하시고자 하는 이유-사랑하시기 때문이 아닙니까? 그분과의 온전한 사랑의 관계의 회복이 바로 구원사건이 아닙니까?

그가 우리를 심판하시는 이유도 사랑하시기 때문이 아닙니까? 그는 그가 사랑하는 대상들을 끝까지 책임지시고 우리를 거룩함으로 온전케 하시고자 하십니다. 그것이 바로 심판인 것입니다. 그가 천국을 준비하신 이유도 사랑 때문이 아닙니까?

이 세상이 우리가 기다릴 삶의 전부라면 해결될 수 없는 그 많은 미해결, 미완성의 문제들의 궁극적인 해답을 위해 준비하신 세상-그 곳이 바로 천국인 것입니다. 천국은 우리의 모든 상처받은 사랑이 치유되고, 사랑이 영원히 완성되는 곳입니다. 하나님은 사랑이십니다.

하나님이 하신 모든 일은 모두 바로 사랑의 동기로부터 시작되었습니다.

성자 예수님은 사랑의 계시자이시다

사랑은 모델을 필요로 하고 모범을 필요로 합니다. 우리 시대가 사랑의 언어로 넘쳐흐르고 있으면서도 여전히 사랑이 고갈되어 있는 이유는 사랑의 역할 모델이 부재하기 때문이 아닙니까?

그런데 오늘 사도요한은 우리를 십자가로 초대합니다. 십자가에 달리신 분-그분을 보라고 초대합니다. 거기에 사랑이 있다고, 거기에 사랑이 나타났다고 증거합니다. 9-10절을 보십시오. "하나님의 사랑이 우리에게 이렇게 나타낸바 되었으니 하나님이 자기의 독생자를 세상에 보내심은 그로 말미암아 우리를 살리려 하심이라 사랑은 여기 있으니 우리가 하나님을 사랑한 것이 아니요 하나님이 우리를 사랑하사 우리 죄를 속하기 위하여 화목 제물로 그 아들을 보내셨음이라"

버마(미얀마) 선교사였던 아도니람 져드슨이 첫 선교 기간을 마치고 미국으로 돌아와 보스톤을 방문했을 때 기자들이 그에게 어려운 일은 없었느냐고 물었습니다. "많이 있었지요" 다시 묻습니다. 신앙의 회의는 없으셨나요?

예를 들어 선교하러 온 나에게 이런 어려움이 생기다니.. 그런 류 말입니다.

그는 다시 대답합니다. "많이 있었지요" 그러면 어떻게 그런 회의를 극복하셨나요? 져드슨의 대답은 이랬습니다. "그런데요, 십자가를 보면 그분은 사랑이시거든요" 그렇습니다. 그분이 바로 참 사랑의 계시자이십니다.

성령 하나님은 사랑의 촉진자이시다

요한일서 4장 12-13절의 내용이 무엇입니까? 이제 이런 하나님의 사랑이 우리 안에 온전히 이루어지도록 성령 하나님을 우리 안에 거하게 하셨다는 것입니다. 13절을 보십시오. "그의 성령을 우리에게 주심으로 우리가 그 안에 거하고 그가 우리안에 거하시는 줄을 아느니라"

이제 우리안에 거하시는 성령님 그가 우리안에서 사랑할 수 있는 힘을 부여하시고 우리가 사랑하도록, 사랑의 삶을 살도록 촉구하시는 것입니다. 바울 사도는 로마서 5장 5절에서 "성령으로 말미암아 하나님의 사랑이 우리 마음에 부은바 됨이라"고 말합니다. 그 성령님이 우리안에서 사랑하기 어려운 사람조차도 사랑하도록 촉구하고 계십니다.

이 위대한 사랑의 장의 결론을 아시나요? 요한일서 4장 20-21절의 말씀이 무엇입니까? 보는 바 형제를 사랑하지 못하는 자는 하나님도 사랑할 수 없다는 것입니다.(20절) 하나님을 사랑한다면 이제 구체적으로 눈에 보이는 형제와 자매를 사랑할 수 있어야 한다는 것입니다.

사도요한의 결론은 "누구든지 하나님을 사랑하노라 하고 그 형제를 미워하면 이는 거짓말 하는 자니 보는바 그 형제를 사랑치 아니하는 자가 보지 못하는바 하나님을 사랑할 수가 없느니라"(요일 4:20)입니다.

즉, 하나님을 사랑한다고 하면서 이웃을 사랑하지 않는 자는 거짓말쟁이라는 것입니다.

서울여대 장경철 교수님의 명언이 기억납니다.

"당신의 인격이 어떠하든 당신을 사랑하기로 결심합니다" (장경철 교수)

하나님은 사랑의 빛이십니다.

"우리가 그에게서 듣고 너희에게 전하는 소식은 이것이니 곧 하나님은 빛이시라
그에게는 어둠이 조금도 없으시다는 것이니라"(요한일서 1:5)

하나님 안에 온전한 사랑이 있습니다. 그 분만이 온전한 사랑을 주실수 있습니다. 그 분안에는 어둠이 없습니다. 이 세상의 불완전한 사랑이 주는 어둠이 조금도, 전혀 없습니다. 그 분만이 완전한 사랑을 주십니다.

사랑은 율법의 마침이자 완성입니다

우리는 서로를 사랑해야 합니다.[7]

"피차 사랑의 빚 외에는 아무에게든지 아무 빚도 지지 말라 남을 사랑하는 자는
율법을 다 이루었느니라."(롬 13:8)

우리는 모든 자에게 줄 것을 주어야 합니다. 그리고 8절에서 "피차 사랑의 빚 외에는 아무에게든지 아무 빚도 지지 말라."고 했습니다. 피차 사랑의 빚 외에는 아무에게든지 아무 빚도 지지 말라는 의미는 우리가 빚을 진 것에 대하여는 갚아야 함을 가르치는 것입니다. 우리가 아무에게든지 아무 빚도 지지 말라는 것이 우리가 집을 사거나 차를 구매하기 위하여 은행을 이

---

7) 이성진 목사 글중 이하 인용

용하거나 카드를 사용하는 것을 금하는 것이 아닙니다. 우리가 사업을 하기 위하여 은행 대출을 받기도 하고, 집을 사기 위하여 일부분을 대출하기도 합니다. 때로는 개인적인 관계에서 빚을 내기도 합니다. 가능하면 개인적으로는 금전 관계를 하지 말아야 합니다. 우리는 이러한 부채 관계가 발생하면 그 약속이나 계약대로 빚을 갚아야 하는 것입니다.

우리가 빚을 지지 말아야 하면서 동시에 다른 사람을 사랑해야 합니다. 이것이 사도 바울이 가르치는 원리입니다. 우리는 다른 사람과의 관계에서 사랑의 빚 외에는 아무에게든지 빚을지지 말아야 합니다.

사도 바울은 "남을 사랑하는 자는 율법을 다 이루었느니라."(롬 13:8)라고 가르치고 있습니다.

이스라엘 백성이 하나님 앞에서 거룩한 백성으로 살아가기 위해서는 율법을 지켜야 했습니다. 이스라엘 백성이 지켜야 할 율법의 본질은 하나님과 이웃을 사랑하는 것입니다.

예를 들어 십계명의 정신은 하나님과 이웃을 사랑하는 것이었습니다. 즉 율법의 정신은 "사랑"입니다. 그러나 바리새인, 사두개인은 이 사랑의 정신을 잃어버리고 "사랑"의 율법을 남을 비판하고 정죄하고 도단하는 "정죄"의 율법으로 바꾸어 버린 것입니다

철학자 헤겔은 예수를 구세주로 믿는 그리스도교가 점점 제도화되고 그 제도 속에서 예수가 가르쳐 준 사랑이라는 새로운 계명 대신에 제도(법)가 그 자리를 대신하고 있는 현실을 바라보게 됩니다. 즉 그리스도교에서 하나님이신 예수의 정신이 현실 세계에서 제도로써 실정화 되는 운명적 상황을

우려하였던 것입니다다. 적어도 헤겔은 그렇게 표현하고 있습니다. 그런 점에서 실정화는 달리 말하면 기독교가 기성화 되어 인간의 자유를 제한하고 억압까지 할 수 있는 부정적인 의미로 헤겔은 묘사하고 있습니다.

그는 그리스도의 정신이 실정화(제도화)될 현실의 운명 속에서 다시 화해하기 위해서는 본래의 그리스도의 가르침을 회복하는 것이라고 생각하였습니다. 그 사랑이란 그리스도교의 생명성과도 같은 것이면서 모든 것이기 때문입니다. 이 사랑을 통하여 그리스도교의 본래의 정신은 그것이 제도화 된 형태로서의 운명의 현실성을 변증법적으로 지양할 수 있다는 것을 헤겔은 강조합니다.8)

물은 답을 알고 있다

'물은 답을 알고 있다'라는 책은 에모토 마사루 라고 하는 일본의 작가가 쓴 책인데 전 세계적으로 베스트셀러가 된 유명한 책입니다. 그는 한평생 물만 연구 했는데, 온 세계에 다니면서 각 나라의 물을 다 연구 하고 한국을 포함하여 일본의 여러 지방의 물을 연구한 그런 기록입니다.

특별한 것은 이분은 물을 깊이 연구하는 가운데 물의 입자 사진을 찍게 됩니다. 현미경으로 확대해서 물의 입자를 찍으면서 깜짝 놀랐습니다. 왜냐하면, 물의 색깔이 그렇게 아름다울 수가 없기 때문입니다. 그 책에는 현미경으로 찍은 꽃처럼 에메랄드 색을 띠는 아름답고 화려한 물의 근본 입자 사진이 수십 장 담겨 있습니다.

그런데 놀라운 것은 물을 앞에 놓고 "사랑합니다." "감사합니다." "행복합

---

8) "헤겔에 있어서의 법의 정신과 그의 운명으로서의 실정성" 논문에서 인용

니다." 하면 그 파동이 전달되면서 물색이 아주 예뻐집니다. 여기에 "네가 미워", "질투가 나", "증오 해"라고 말 하면 색깔이 당장 붉은 색으로 검정 색으로 그리고 아주 흐트러진 무서운 색으로 바뀝니다. 그것을 다 찍어서 책에 편집해서 컬러사진으로 보여주고 있습니다.

이 책에 나오는 이야기입니다. 어느 도시 안에 있는 호수가 있는데 그만 잘못 관리해서 물이 썩었습니다. 그래서 물고기가 살수 없을 정도가 됐어요.

그런데 그 호숫가에 커다란 야외 음악당이 있습니다. 언젠가 야외 음악당에서 세계적인 훌륭한 오케스트라가 와서 여러 시간 동안 좋은 음악을 연주했고, 수천 명이 모여서 감동에 젖어 그 음악을 들었습니다. 모두가 그 음악에 도취되었고 함께 행복해 했습니다.

이 행사가 있고 난 다음에 놀라운 것은 그 호수에 물이 다시 살아났다고 합니다. 물고기가 살게 되고 물에 생기가 넘치고 더욱 맑게 되었다는 것입니다.

"사랑은 배려다. 사랑은 작은 행동 속에서 빛을 발합니다. 힘들어하는 사람에게 건네는 따뜻한 손길 가벼운 농담 속에 담긴 웃음 아무 말 없이 곁을 지켜주는 그 모든 순간이 사랑입니다. 사랑은 거창한 말보다 작고 진실한 마음으로 가득합니다"
(헬렌 켈러)

| 2장 | 기뻐하라

"예루살렘을 사랑하는 자들이여

다 ㄹ 성읍과 함께 기뻐하라

다 ㄹ 성읍과 함께 즐거워하라

ㄹ 성을 위하여 슬퍼하는 자들이여

다 ㄹ 성의 기쁨으로 말미암아

ㄹ 성과 함께 기뻐하라

ㄹ 성을 위하여 슬퍼하는 자들이여

다 ㄹ 성의 기쁨으로 말미암아

ㄹ 성과 함께 기뻐하라" (사 66:10)

2장 기뻐하라

영국 속담에 이런 명언이 있습니다.

"일주일만 행복하려면 차를 사라. 한달을 행복하려면 결혼을 해라. 일년을 행복하려면 집을 사라. 평생 행복하고 싶다면 정직하게 살아라"

소유지향적인 삶이 우리에게 진정한 만족과 기쁨을 줄수 없습니다.

진정한 기쁨은 소유가 아닌 존재로부터 옵니다

인간이 살면서 느끼는 감정을 우리는 희노애락이라고 합니다. 그중에서 기쁨을 느낀다는 것은 인간만이 가지고 있는 매우 중요한 영적 특질입니다.

저는 개인적으로 조그마한 강아지를 키우는 강아지의 감정 변화를 보면서 크게 느낀 점은 강아지는 분노도 하고, 슬퍼도 하고, 즐거워도 하지만 기뻐 하지는 않는다는 것입니다.

기쁨은 즐거움보다 근원적인 것이고 본질적인 것입니다. 그런 의미에서 기쁨을 느낀다는 것은 인간만이 가지고 있는 매우 중요한 영적 특질입니다.

영국 속담에 이런 명언이 있습니다.

"일주일만 행복하려면 차를 사라. 한달을 행복하려면 결혼을 해라. 일년을 행복하려면 집을 사라. 평생 행복하고 싶다면 정직하게 살아라"

성경에서 우리 인간이 소유할수 있는 모든 것을 소유하였던 솔로몬은 그 소유의 즐거움과 기쁨을 아래와 같이 덧없고 진정한 기쁨을 주는 못하는 것임을 고백합니다.

"나는 내 마음에 이르기를 자, 내가 시험삼아 너를 즐겁게 하리니 너는 낙을 누리라 하였으나 보라 이것도 헛되도다 내가 웃음에 관하여 말하여 이르기를 그것은 미친 것이라 하였고 희락에 대하여 이르기를 이것이 무슨 소용이 있는가 하였노라

내가 내 마음으로 깊이 생각하기를 내가 어떻게 하여야 내 마음을 지혜로 다스리면서 술로 내 육신을 즐겁게 할까 또 내가 어떻게 하여야 천하의 인생들이 그들의 인생을 살아가는 동안 어떤 것이 선한 일인지를 알아볼 때까지 내 어리석음을 꼭 붙잡아 둘까 하여 나의 사업을 크게 하였노라 내가 나를 위하여 집들을 짓고 포도원을 일구며 여러 동산과 과원을 만들고 그 가운데에 각종 과목을 심었으며

나를 위하여 수목을 기르는 삼림에 물을 주기 위하여 못들을 팠으며 남녀 노비들을 사기도 하였고 나를 위하여 집에서 종들을 낳기도 하였으며 나보다 먼저 예루살렘에 있던 모든 자들보다도 내가 소와 양 떼의 소유를 더 많이 가졌으며 은 금과 왕들이 소유한 보배와 여러 지방의 보배를 나를 위하여 쌓고 또 노래하는 남녀들과 인생들이 기뻐하는 처첩들을 많이 두었노라 내가 이같이 창성하여 나보다 먼저 예루살렘에 있던 모든 자들보다 더 창성하니 내 지혜도 내게 여전하도다

무엇이든지 내 눈이 원하는 것을 내가 금하지 아니하며 무엇이든지 내 마음이 즐거워하는 것을 내가 막지 아니하였으니 이는 나의 모든 수고를 내 마음이 기뻐하였음이라 이것이 나의 모든 수고로 말미암아 얻은 몫이로다. 그 후에 내가 생각해 본즉 내 손으로 한 모든 일과 내가 수고한 모든 것이 다 헛되어 바람을 잡는 것이며 해 아래에서 무익한 것이로다"

(전도서 2장)

그러나 솔로몬의 결론은 무엇이었습니까?

"전도자가 가로되 헛되고 헛되며 헛되고 헛되니 모든 것이 헛되도다"(전 1:2)

성경에서 우리 인간이 소유할수 있는 모든 것을 소유하였던 솔로몬은 그 소유의 즐거움과 기쁨을 덧없고 진정한 기쁨을 주는 못하는 것임을 고백합니다.

에리히 프롬은 그의 책 "소유냐? 존재냐?"라는 책에서

소유적 실존양식과 존재적 실존양식을 대조합니다. 소유적 실존양식은 현대 문명의 재앙을 대표한다고 프롬은 지적합니다. 여기서 '화(禍)'라는 한자는 재앙과 액화를 의미한다. 사람들은 자신의 정체성과 가치를 외적 소유물에 의존하게 됩니다.

물질적 재산, 지위, 권력 등의 외적 자원을 통해 자신을 정의하는 것입니다. 소유와 소비가 현대 문명의 소비주의와 자본주의를 지배하며, 물질적 재산과 소비가 성공과 행복의 척도로 간주되고. 이에 따라 개인의 가치와 사회적 지위는 상품화에 의해 평가되고, 경쟁과 불안을 촉진하고 증가시키는 악순환 반복되는 것입니다.

'소유냐 존재냐'의 130페이지에서 프롬은 존재적 실존양식과 충만한 삶의 가능성을 강조합니다. 그는 물질적 소유에 의존하지 않고, 개인의 내적 자원과 진정한 경험을 중점으로 하는 삶을 제안합니다. 이러한 삶은 성장, 자아실현, 그리고 진정한 인간관계를 맺는 것을 포함합니다. 프롬은 나누고 베풀며, 희생하려는 성향이 개인의 행복뿐만 아니라 공동체와 사회의 행복과도 밀접하게 연결되어 있음을 인식해야 한다고 말합니다.

프롬의 사상에 따르면, 진정한 행복은 외적 소유물에서 오는 것이 아니라, 내적 성장을 통해 이룰 수 있습니다. 이는 자아실현과 진정한 인간관계를 통해 가능하며, 타인과의 연대와 나눔을 통해 더욱 풍부해진다고 지적합니다. 이러한 삶의 방식을 통해 우리는 물질적 소유의 굴레에서 벗어나, 존재의 참된 가치를 발견할 수 있다고 프롬은 정의합니다.

기뻐할수 있는 4가지 이유

전문적으로 상담학을 연구하는 심리학자들의 연구를 보면, 사람들이 언제 기뻐하는지를 알 수 있습니다. 이에 대해 4가지를 이야기합니다[9]

우선 사람이 기뻐하려면 사랑을 받아야 한다고 합니다. 어린아이나 어른 할 것 없이 누군가로부터 사랑을 듬뿍 받으면 기쁨이 생깁니다. 또 자기가 소중하다고 여기는 것을 손에 넣었을 때 기뻐한다고 합니다. 돈을 벌고 싶어 하는 사람은 돈을 벌었을 때 기뻐합니다. 명예를 얻고 싶어 하는 사람은 명예를 얻었을 때 기뻐합니다. 학문의 깊은 경지를 추구하는 사람들은 만족스러운 연구 결과를 얻었을 때 기뻐합니다. 어린아이는 자기가 원하는 장난감을 손에 넣었을 때 기뻐합니다.

또한 자기의 형편을 좋게 받아들일 때 기뻐한다고 합니다. 내가 잘살든 못살든, 내 자신의 형편이 형통하든 형통하지 못하든, 자기의 형편을 좋게 받아들이면 거기에 기쁨이 있다고 합니다. 마지막으로 자기가 갖고 있는 소중한 것을 남과 나눌 때 기쁨이 온다고 합니다. 재산이 있는 사람이 재산을 나누어 선한 일에 투자할 때 기쁨이 옵니다. 지식을 가진 사람이 후학들에게 지식을 나눌 때 기쁨이 옵니다. 좋은 소식을 받은 사람이 그 소식을 다

---

9) 이하 옥한흠 글 인용

른 사람들과 나눌 때 기쁨이 생깁니다. 보통의 심리학자들은 이런 네 가지로 기쁨의 정도를 이야기합니다.

헨리 나우웬이라는 유명한 분이 한 말입니다. "기쁨은 행복과 같은 것이 아닙니다. 기쁨과 행복은 다릅니다. 기쁘다고 행복한 것이 아닙니다. 우리가 많은 일에 불행할 수 있습니다. 그러나 기쁨은 여전히 그 불행 속에 있을 수 있습니다. 우리가 하나님의 사랑을 받고 있는 자녀이기 때문입니다." 하나님의 사랑을 받고 있기에 불행 속에서도 기뻐할 수 있다는 말입니다.

"주 안에서 항상 기뻐하라." 여기에서 '주 안에서'의 뜻이 무엇인지 대충 감을 잡을 수 있습니다. 앞서 네 가지로 말씀 드렸습니다. 먼저 내가 하나님의 사랑을 받고 있기에 항상 기뻐한다는 것입니다. 나는 가장 소중한 예수님을 얻었기에 항상 기뻐할 수 있다는 것입니다. 하나님이 나에게 허락하신 모든 여건, 처지, 형편을 선하게 여기기에 항상 기뻐할 수 있다는 것입니다. 나에게 있는 가장 소중한 예수를 다른 사람에게 나누어 줄 수 있으므로 항상 기뻐할 수 있다는 것입니다. 바울이 기뻐할 수 있었던 것처럼 우리도 기뻐할 수 있습니다.

그러나 이와 같이 주 안에서 기뻐하는 것이 무엇인지를 배웠다고 해서 우리에게 기쁨이 찾아오는 것은 아닙니다. 한 가지 중요한 사실이 있습니다. 우리가 바울처럼 주 안에서 항상 기뻐하기 위해서는 선택을 해야 됩니다.

'기뻐하라'는 명령에 해당되는 헬라어 '카이레테'(chairete)에는 습관적으로, 계속적으로 기뻐하라는 의미가 담겨 있습니다. 따라서 기쁨을 선택하라는 말입니다. 우리는 원망하고 분개할 이유를 갖고 살 수도 있고, 기뻐할 수 있는 이유를 갖고 살 수도 있습니다. 우리는 이 둘 중 어느 것을 선택해야 합니다. 우리가 믿음으로 선택하면 반드시 그 선택한 것이 내 손에 들어오도록 되어 있습니다.

나눌 때 기쁨이 오는 것입니다

전문적으로 상담학을 연구하는 심리학자들의 연구를 보면, 사람들이 언제 기뻐하는지를 알 수 있습니다. 이에 대해 4가지중 마지막이 자기가 갖고 있는 소중한 것을 남과 나눌 때 기쁨이 온다고 하였습니다.

재산이 있는 사람이 재산을 나누어 선한 일에 투자할 때 기쁨이 옵니다. 지식을 가진 사람이 후학들에게 지식을 나눌 때 기쁨이 옵니다. 좋은 소식을 받은 사람이 그 소식을 다른 사람들과 나눌 때 기쁨이 생깁니다.

최근 뉴시스 신문 보도를 보면

인간처럼 쥐도 쓰러진 동료에게 입에서 입으로 소생술을 한다는 연구 결과가 나와서 화제가 되고 있다.

지난달 21일(현지시각) 미국 서던캘리포니아 대학교 연구진은 쥐의 '응급조치'에 관한 실험 결과를 국제 학술지 '사이언스(Science)'에 게재했다.

연구진이 마취 상태 쥐와 정상 상태 쥐를 한 공간에 두고 관찰한 결과, 정상적인 쥐는 움직이지 않는 쥐의 혀를 끌어내 기도를 확보하고 입 주위를 물어뜯는 등의 모습을 보였다. 이는 인간의 인공호흡 장면을 연상케 했다.

또 움직이지 않는 쥐의 혀를 지속적으로 잡아당기거나 머리로 미는 모습이 관찰되기도 했다.

연구진은 쥐의 이런 행동이 평균 13분 동안 지속됐고, 이 가운데 약 절반의 시간은 마취된 동료를 깨우기 위해 움직이는 데 사용됐다고 밝혔다.

쥐의 이런 응급처치는 실제 마취된 쥐가 회복하는 데 도움을 줬다. 응급처치를 받은 쥐들은 다른 쥐보다 빨리 의식을 회복했다. 이어 연구진은 쥐가 낯선 쥐보다 친숙한 동료 쥐에게 구조 활동을 시도할 가능성이 더 높을 수 있다고 했다.

연구진은 "움직이지 않는 쥐를 돕는 정상 쥐의 행동이 뇌의 편도체와 시상하부 영역에서 옥시토신을 방출하는 뉴런에 의해 유발되는 것"이라며 "옥시토신은 유대감을 형성하고, 배려와 사랑에 관여하는 호르몬"이라고 했다.

이어 "동료를 돕는 정상 쥐의 행동 동기를 정확하게 파악하기는 어렵지만, 이번 연구 결과는 동물의 사회적 행동을 시사한다"며 "의식을 잃거나 고통을 겪는 동료 구성원을 돕는 행위가 많은 동물종에 퍼져있는 '타고난' 사회적 행동일 가능성이 있다"고 덧붙였다.

이는 가장 고등동물인 인간 역시 관계적 행위를 통하여 옥시토신을 통하여 유대감을 형성하고 배려와 사랑에 참여할 때 행복할수 있음을 여실히 보여줍니다.

돈으로 행복을 살 수 있을까?

일본에 미우라 아야꼬라는 기독교인 여류 작가가 있습니다. 그가 쓴 〈빙점〉이라는 소설은 여러분도 잘 알고 있을 것입니다. 이분은 한때, 남편의 월급만 가지고는 살림을 꾸려 나가기가 어려웠으므로 집 앞에 자그마한 구멍가게를 냈습니다.

그러나 돈만 벌겠다고 악착을 부리지 않고 오는 손님들에게 조용히 그리스도의 사랑을 전하며 봉사했습니다. 그 결과, 이 구멍가게는 사람들의 신용을 얻게 되었고, 오히려 장사도 잘되어서 나중에는 트럭으로 물건을 들여올 만큼 번창했다고 합니다.

그런데 어느 날이었다. 직장에서 돌아온 남편이 바쁘게 일하는 아내를 보고 농반진반으로 말했습니다. "여보, 우리 가게가 이렇게 잘되는 것은 좋지만 이웃이 다 어려운 사람들뿐인데 우리 가게로만 손님이 몰려서 다른 가게들이 문을 닫게 되면 어떡하지?"

미우라 아야꼬 여사는 크게 깨달은 바가 있었습니다. 그래서 곧 가게 물건을 줄였다고 합니다. 어떤 물건은 아예 가져다 놓지도 않았습니다. 손님이 찾으면 "그 물건은 저 집에 가면 사실 수 있습니다" 하고 다른 구멍가게로 손님을 나누어 주기 시작했다고 합니다. 이제 그녀에게는 남모르는 기쁨과 시간적인 여유가 생겼습니다. 그래서 틈틈이 글을 쓰기 시작하여 〈빙점〉이라는 소설을 완성시켰다는 것이다.

최근 중앙일보 보도를 보면

마음만 먹으면 서울에서 연봉 4억~5억원을 받을 수 있는 그가 300만원 남짓 월급을 받는 '시골 의사'가 된 까닭은 뭘까? 국내 응급의료계의 거목(巨木)으로 불리는 임경수(68) 전북 정읍 고부보건지소장의 말이다[10].

정읍시에 따르면 임 소장은 서울아산병원 응급의학과 교수로 33년간 재

---

10) 중앙일보 기사중 인용

직하다 2022년 1월 정읍아산병원장으로 일한 뒤 지난해 9월 퇴직했다. 이후 두 달 뒤인 11월 고부면 보건지소장으로 부임했다. 연봉 4300만원의 '계약직 공무원'으로 임기는 2년이다. 매주 월요일부터 목요일까지 4일간 오전 9시부터 오후 5시까지 근무한다.

마음만 먹으면 서울에서 연봉 4억~5억원을 받을 수 있는 그가 300만원 남짓 월급을 받는 '시골 의사'가 된 것이다.

임 소장은 16일 중앙일보와 통화에서 "80대 어르신이 오셔서 중절모를 벗으며 인사하면서 '3년 동안 (보건지소에) 의사가 없다가 왔는데, 소장님 제발 건강하셔야 돼요'라며 당신마저 가버리면 더 이상 희망이 없다는 눈빛으로 말씀하시는데 울컥했다"며 이같이 말했다. 임 소장은 "돈이 많을 때는 행복한 줄 몰랐는데, 돈이 제일 없을 때 제일 행복하니 인생사 별 게 아니라는 생각이 든다"고 했다.

2020년 6월 24일 방송된 MBC '실화탐사대'에서는 8100억 전 재산을 기부한 주윤발의 인터뷰가 전해져 이목을 끌었다.

이날 주윤발은 어린 시절 힘들게 살았던 당시를 회상하며 "먹을 것만 있어도 괜찮았고 밥이 있으면 아주 신났다. 그때는 모두 가난했다. 고구마 먹고 음식 먹으며 즐거웠다. 명절 때 닭고기나 돼지고기 먹으면 더 행복했다"고 입을 열었다.

이어 "어릴 때 가장 많이 먹은 음식이 무다. 무는 크기가 크지 않나. 농환기가 되어 소금에 절이면 무가 맛있어진다. 짠지가 밥을 술술 넘어가게 한다. 한국 사람들이 예전에 반찬 없을 때 김치에 밥 먹는 거랑 같은 거다"고

회상했다.

그러면서 그는 자신의 행복 조건으로 "소박한 생활"을 언급해 눈길을 끌었다. 주윤발은 "매일 세 끼 밥을 먹고 잘 수 있는 작은 침대 하나, 과하지 않지 않나. 필요한 건 그게 다"라며 미소를 드러냈다.

한편 주윤발은 8100억 전 재산을 기부해 화제가 된 바 있다. 이날 그는 기부 이유에 대해 "어차피 그 돈은 제가 잠깐 가지고 있었던 거다. "그 돈(재산)은 내 것이 아니며 돈은 행복의 원천이 아니다. 내 꿈은 행복하고 평범한 사람이 되는 것이다. 지금 당장 은행에 그 돈을 맡긴다고 해도 죽고 나면 소용없다. 그 돈이 의미 있는 단체나 필요한 사람들에게 쓰였으면 한다"고 설명했다.

2024년 한겨레 신문 보도 "돈으로 행복을 살 수 있을까?" 의하면

예컨대 2022년 유엔 세계 행복 보고서에 따르면 1인당 국내총생산(GDP)이 연 4500달러 미만인 나라 중 주관적인 웰빙, 즉 삶의 만족도(캔트릴 사다리) 점수가 5.5점(10점 만점) 이상인 나라는 한 곳도 없었다.

반면 삶의 만족도 점수가 7점을 초과하는 나라는 모두 1인당 국내총생산이 연 4만달러를 넘었다. 물론 소득이 일정한 수준 이상이 되면 행복감은 소득 증가에 비례하지 않고 정체되는 현상(이스털린의 역설)도 나타난다.

연구진은 세계 19개 지역 원주민 2966명을 대상으로 직접 대면 설문조사를 벌인 결과, 금전 소득이 거의 없는 이들의 삶의 만족도가 현재의 고소득국가 사람들과 비슷한 정도로 높은 것으로 나타났다고 밝혔다.

조사 지역은 아시아의 중국과 네팔, 인도, 아프리카의 세네갈과 짐바브웨, 가나, 중남미의 브라질과 아르헨티나, 칠레, 과테말라 등이었다. 조사 대상 중 금전 소득이 있는 가구는 64%에 불과했다.

조사에 참여한 소규모 원주민 공동체 사회 구성원들의 삶의 만족도는 평균 6.8점이었다. 이는 유엔 세계행복보고서의 세계인 평균 점수 5.1점을 크게 웃돌 뿐 아니라, 선진국 그룹인 경제협력개발기구(OECD) 회원국 평균 점수 6.7점과 비슷한 수준이다. 오이시디 회원국인 한국(5.8점)과 비교하면 1점이나 높다.

조사 지역 중 4곳은 세계 최고 수준의 행복 점수를 보이고 있는 핀란드 등 스칸디나비아반도 국가 점수(8점)도 웃돌았다. 특히 과테말라 서부 고원 지대의 농부들은 70명 중 30명이 자신의 삶에 10점 만점을 주었다. 연구진은 이 공동체의 1인당 평균 자산을 560달러(75만원)로 추정했다.

연구진은 이들 중 상당수가 소외와 억압의 역사를 겪었음에도 높은 점수가 나온 점을 지적하며 "높은 수준의 물질적 부가 없어도 매우 만족스러운 삶을 누릴 수 있다는 관념과 일치하는 조사 결과"라고 밝혔다.

연구를 이끈 바르셀로나자치대의 빅토리아 레예스 가르시아 박사는 "조사 결과는 소득과 삶의 만족도 사이에 흔히 관찰되는 강한 상관관계가 보편적인 것은 아니며, 산업화된 경제에서 창출된 부는 인간이 행복한 삶을 영위하는 데 근본적으로 필요한 것은 아니라는 걸 입증해준다"고 말했다. 높은 수준의 주관적 행복을 달성하기 위해 자원 집약적인 경제 성장이 반드시 필요한 건 아니라는 얘기다.

연구진은 그러나 이들이 높은 삶의 만족도를 보이는 이유까지는 규명하지 못했다. 대신 이전 연구들을 인용해 가족 및 사회의 지원과 관계, 신뢰, 영성, 자연과의 연결 등이 이러한 행복의 밑바탕에 있는 중요한 요소들로 보인다고 전했다.

연구진은 "비금전적 요소가 삶의 행복에 중요하다는 건 익히 알려져 있지만 이번 조사 결과는 이런 요인들이 일반적으로 생각하는 것보다 더 높은 수준의 행복을 안겨줄 수 있다는 걸 시사한다"고 강조했다.

연구진의 일원인 크리스토퍼 배링턴-리 맥길대 교수는 이번 연구의 의미를 이렇게 설명했다. "인간은 매우 사회적인 종이며, 다른 사람 및 살아 있는 것과 어떻게 상호관계를 맺느냐가 삶을 대하는 방식을 결정하는 데 매우 강력한 요소라는 것이 분명해졌다. 따라서 지금 우리가 추구하는 삶과는 상당히 다른 종류의 삶이 있을 수 있고, 그 삶도 매우 만족스러울 수 있다고 상상할 수 있게 해줬다."

YTN 2025년 최근 보도에서 다음에서 '로또의 저주' 문제를 다룹니다.

역대 최대금액인 1조 9천억 원, 미국 파워볼의 당첨자가 나왔다는 소식이 연일 화제입니다.

파워볼 보다는 당첨금이 적지만 우리나라에도 로또복권이 있는데요.
벌써 4천 명이 넘는 사람들이 인생역전의 주인공이 됐지만, 모두가 행복한 결말을 맺지는 못했습니다.

지난 1969년 주택복권으로 시작된 국내 복권 사업은 2002년 로또복권이 등장하면서 열풍이 불었습니다.

수많은 인생역전의 주인공이 나왔는데, 지난 2003년 춘천의 한 경찰관이 역대 최대금액인 407억 원에 당첨되면서 화제가 되기도 했습니다.

국내에서는 모두 4천 명이 넘는 로또 1등 당첨자가 나왔습니다.
하지만 1등 당첨자 모두가 인생역전의 행복한 삶을 사는 것은 아니었습니다.

지난 2003년 역대 두 번째로 높은 242억 원에 당첨된 52살 김 모 씨.
무리한 주식투자와 사업실패로 5년 만에 모두 탕진했고 결국 사기범으로 전락했습니다.

2006년 14억 원에 당첨된 20대 청년은 도박에 빠져 돈을 모두 날리고 절도범이 됐고, 18억 원에 당첨된 40대는 투자사기로 빚더미에 시달리다 스스로 목숨을 끊기도 했습니다.

당첨금을 둘러싼 소송도 잇따랐습니다.
2003년 한 당첨자는 가족들과 돈을 분배했다가 형편 어려워지자 돈을 돌려달라며 소송했고, 당첨 후 도박에 빠져 이혼당한 아내가 위자료를 더 달라고 송사에 나서는 등 로또를 둘러싼 소송만 수십 건에 이릅니다. 로또의 저주라는 말이 나오는 이유입니다.

전문가들은 로또에 당첨되더라도 기존 직업과 소비구조를 유지하면서 전문가의 도움을 받을 것을 조언합니다.

오늘도 수천, 수만 명의 사람이 종이 한 장에 인생 역전을 소망하고 있지만, 일확천금의 끝에는 장밋빛 인생만 있는 것이 아님을 명심해야 합니다.

"은을 사랑하는 자는 은으로 만족하지 못하고 풍요를 사랑하는 자는 소득으로 만족하지 아니하나니 이것도 헛되도다 재산이 많아지면 먹는 자들도 많아지나니 그 소유주들은 눈으로 보는 것 외에 무엇이 유익하랴 노동자는 먹는 것이 많든지 적든지 잠을 달게 자거니와 부자는 그 부요함 때문에 자지 못하느니라" (전 5:10~12)

"가산이 적어도 여호와를 경외하는 것이 크게 부하고 번뇌하는 것보다 나으니라 채소를 먹으며 서로 사랑하는 것이 살진 소를 먹으며 서로 미워하는 것보다 나으니라" (잠 15:16~17)

"마른 떡 한 조각만 있고도 화목하는 것이 제육이 집에 가득하고도 다투는 것보다 나으니라" (잠언 17:1)

함께 하심의 기쁨

사랑하는 형제자매 여러분, 가만히 있지 마십시오. 선택하십시오. 명령에 복종하십시오. 우리는 세상 사람들이 알지 못하는 놀라운 기쁨의 조건을 갖고 있습니다. 설령 이 세상이 다 무너져 없어진다 할지라도, 내가 소중하게 여기던 모든 것을 다 빼앗긴다 할지라도, 우리는 아무도 빼앗을 수 없는 기쁨의 조건을 갖고 있습니다. 이것이 주 안에서의 조건입니다. 이 주 안에서의 조건을 믿음으로 받아들이고, 그 다음 기쁨을 선택하십시오. 그러면 항상 기뻐할 수 있는 축복이 날마다 우리에게 찾아 올 것입니다.

"보라 하나님은 나의 구원이시라 내가 신뢰하고 두려움이 없으니 주 여호와는 나의 힘이시며 나의 노래시며 나의 구원이심이라

그러므로 너희가 기쁨으로 구원의 우물들에서 물을 길으리로다"(사 12:2~3)

하나님이 나와 함께 함이 기쁨의 근원입니다. 그래서 느헤미야는 "여호와를 기뻐하는 것이 너희의 힘이니라"(느헤미야 8:10)라고 고백한 것입니다

그래서 우리 주님의 이름이 임마누엘(하나님이 우리와 함께 계신다) 아닙니까?

여러분! 사랑하는 사람과 함께라면 세상의 어떤 고난과 위기도 견딜수 있는 힘을 얻게 됩니다. 이것이 '함께 함'의 위력입니다.

"비록 무화과나무가 무성하지 못하며 포도나무에 열매가 없으며 감람나무에 소출이 없으며 밭에 먹을 것이 없으며 우리에 양이 없으며 외양간에 소가 없을지라도 나는 여호와로 말미암아 즐거워하며 나의 구원의 하나님으로 말미암아 기뻐하리로다"(합 3:17~18)

우리는 우리와 '함께 하시는' 임마누엘 주님으로 인하여 즐거워하며 기뻐할수 있는 것입니다.

백두산의 천지연과 같은 그리스도인의 기쁨

여러분! 한라산과 백두산의 차이를 아십니까?

백두산과 한라산은 익히 알다시피 북한과 남한을 상징하는 가장 높은 산들입니다. 정상에 떡시루 같은 분화구를 머리에 이고 있다는 점도 두 산이 똑같습니다.

그러나 백두산 천지는 땅에서 솟구치는 생수로 사철 푸른 물을 담고 있지만, 한라산 백록담은 하늘에서 내린 빗물을 잠시 받아두는 차이가 있습니다.

한라산 백록담은 비가 오지 않으면 늘 분화구가 말라 있을수 있습니다 그리스도인의 기쁨은 백두산의 천지연 같은 것입니다. 그리스도인의 기쁨은 백두산의 천지연 같이 우리안으로부터 예수께서 말한 생수의 강이, 기쁨이 흘러넘치는 삶입니다.

"누구든지 목마르거든 내게로 와서 마시라. 나를 믿는 자는 성경에서 말한 바와 같이 그 배에서 생수의 강이 흘러나리라" (요 7:37~38)

여러분! 주안에서 기뻐하십시요 다시 말씀드립니다. 주안에서 늘 기뻐하십시오.

"주 안에서 항상 기뻐하라 내가 다시 말하노니 기뻐하라" (빌 4:4)

웃음은 희망의 최후의 무기다

하비콕스는 "웃음은 희망의 최후의 무기다"라고 했습니다. 나는 "웃음을 잃지 않는 사람은 결코 꿈을 잃지 않는다." "웃음을 잃은 사람은 꿈을 잃은 사람이다."고 주장한다. 그래서 IMF이후 신랑감 후보의 중요한 덕목 가운데 유머 있는 사람이 주목 받았는지 모른다. 웃음과 유머가 있는 사람은 위기에도 여유가 있다.

잘 웃고 잘 웃겨야 성공하는 시대다. 탁월한 유머감각은 개인의 삶을 윤택하게 하고 집단과. 조직에 생기를 불어넣는다. 살아남으려면 유머감각부터 길러라. 남을 못 웃기면 당신은 울게 된다.

유머는 삶에 윤기를 주고, 유머감각이 있는 사람이 성공한다. 인간과 인간 사이에 다양한 경로의 접촉이 이루어지고 대중매체가 발달한 현대 사회에서는 유머감각이 갈수록 중요하게 평가될 수밖에 없다.

처음 만난 사람이라도 재미있는 농담을 잘 구사하면 서먹서먹한 느낌이 금방 사라져 친해지기 쉽고 상대방에게 좋은 인상을 남기기 마련이다. 유머감각이 있는 이들은 사람들로 하여금 자신에게 주목하게 만들고, 부지불식간에 모임의 분위기를 주도해 무리의 리더 노릇을 하는 경우가 많다. 직장에서, 친구들과의 만남에서, 연애할 때, 혹은 부부지간에도 유머감각이 있는 사람은 단연히 돋보이는 존재이며 인간관계를 수월하게 만들어나간다.11)

'타임'지 편집주간을 지낸 하드리 도노번은 "유머감각은 지도자의 필수조건"이라고 말했고 세계적인 기업 카운슬러인 데브라 밴턴은 최고경영자들의 성공비결을 분석한 '최고경영자처럼 생각하는 법'(How to think like a CEO)이란 책에서 '유머가 있다는 것'과 '이야기를 재미있게 한다'는 것을 CEO들의 공통된 특징으로 꼽았다.

여성으로 CNN부사장 자리에 게일 에반스도 저서 '남자처럼 일하고 여자처럼 승리하라'에서 제시한 '성공의 14가지 법칙'에 '유머감각을 길러라'는 항목을 집어 넣었다.

웃음은 호감과 협력을 암시한다. 따라서 타인의 웃음을 쉽게 끌어낼 수 있는 사람은 그만큼 매사에 협력과 지지를 쉽게 이끌어낸다. 유머는 곧 설득력인 것이다. 뛰어난 정치인들의 유머감각이 일류인 것도 이 때문이다. 따

---

11) 김영신의 '유머가 경쟁력이다' 인용

라서 딱히 대통령이나 대기업의 ceo가 아니더라도 리더가 되고 싶은 사람들, 적극적으로 자신의 삶을 헤쳐나가고 싶은 사람이라면 유머감각을 키우는 것을 성공의 필수요건으로 삼아야한다.

'성공하는 리더를 위한 유머기법 7가지' '웃기는 리더가 성공한다' 등의 책을 저술한 유머강사 김진배(HDC 유머개발교육원 원장)는 유머와 리더십은 근본이 같다'고 강조한다. "유머와 리더십은 타고나는 것이 아니라 키워지는 것이며 테크닉이 중요한게 아니라 마인드가 문제라는 점도 비슷하다. 유머리스트에게 필요한 것은 따뜻하고 여유있는 마음, 아량과 포용려그 세상만사에 대한 관심 그리고 열정인데, 이것은 리더십에도 필수적인 덕목"이라는 게 그의 설명이다.

지난해 타계한 일본의 오부치 게이조 전 총리는 평소 "나는 아주 성실한 정치인과 유머리스트라는 두 얼굴을 가지고 있다"고 자평했다.

그는 99년 방한해 고려대에서 강연할 때도 강연이 끝난 뒤 "오늘 강연에서 유머리스트의 면모를 보여주지 못했다. 그럴 기회를 달라고" 요청, 10여분간 시간을 따로 내 청중을 웃기기도 했다. 스스로 유머리스트라고 자부하는 물론 그에 걸맞게 갈고 닦은 유머 실력을 대중 앞에 드러내는 적극성을 보인 것이다.

흔히 언론이나 주변에서 재치있는 인사들을 소개할 때 '타고난 유머감각의 소유자' 운운하는 표현을 자주 접하게 된다. 물론 상대적으로 남보다 유머감각이 뛰어나 보이는 사람들이 있는 건 사실이다. 똑같은 내용을 이야기해도 그 사람의 입을 통해서 나오면 더 실감나고 더 우습고 더 기억에 남는다. 그런가 하면 일껏 뭔가 남을 웃겨보려고 하다가 오히려 분위기만 썰렁

하게 만드는 사람들은 스스로 초라하다는 느낌까지 갖는다.

"기쁨은 기도이다. 기쁨은 힘이다. 기쁨은 사랑이다. 기쁨은 영혼을 붙잡을수 있는 사랑의 그물이다" (마더 테레사)

| 3장 | 화평하라

"온 유다가 이 맹세를 기뻐한지라
무리가 마음을 다하여 맹세하고
뜻을 다하여 여호와를 찾았으므로
여호와께서도 그들을 만나 주시고
그들의 사방에 평안을 주셨더라"

(대하 15:15)

"보라 한 아들이 네게서 나리니
그는 온순한 사람이라
내가 그로 주변 모든 대적에게서
평온을 얻게 하리라
그의 이름을 솔로몬이라 하리니
이는 내가 그의 생전에 평안과 안일함을
이스라엘에게 줄 것임이니라"

(대상 22:9)

3장 화평하라

'현재 삶에서 누리고 있는 모든 것들에 감사할 때, 진동이 바뀌면서 우리 인생도 더 높은 주파수 대역으로 이동하게 된다. 감사한 마음을 갖기는 쉽지 않다. 하지만 당신이 가장 덜 감사할 때가 바로 감사함이 가져다줄 선물을 가장 필요로 할 때다. 감사하게 되면 내가 처한 상황을 객관적으로 멀리서 바라보게 된다. 그뿐만 아니라 어떤 상황이라도 바꿀 수 있다. 감사한 마음을 가지면 당신의 주파수가 변하고 부정적 에너지가 긍정적 에너지로 바뀐다' (오프라 윈프리)

평강의 복이 임하셨습니까?

평강이란 샬롬이라고 하는데 안전한, 잘 있는, 행복한, 안녕, 건강, 번창, 평안, 평화로운, 평화롭게, 번영하다라는 뜻입니다. 평안의 시작은 안전입니다. 안전이 없이는 결코 평강이 존재할 수가 없습니다. 그리고 평강의 본질은 건강과 행복입니다. 평강의 결과는 번영입니다. 그래서 평강이란 안전하고 그러면서 건강하고 행복하고 마침내 번창하고 번영하는 것입니다. 평강의 복 안에는 전쟁이나 다툼이 없으며 질병이고 고통이나 불행이 없으며 실패나 좌절이 없습니다. 모든 일이 잘 되는 것입니다.[12]

"여호와께서 모세에게 말씀하여 이르시되 아론과 그의 아들들에게 말하여 이르기를 너희는 이스라엘 자손을 위하여 이렇게 축복하여 이르되 여호와는 네게 복을 주시고 너를 지키시기를 원하며 여호와는 그의 얼굴을 네게 비추사 은혜 베푸시기를 원하며 여호와는

12) 이하 권오규 글중 인용

그 얼굴을 네게로 향하여 드사 평강 주시기를 원하노라 할지니라" (민6:22-26)

겨우 먹고 살거나, 어쩔 수 없이 살아가는 그런 삶이 아니라 당당하고 멋지고 행복하고 부요하게 살되 모든 것이 잘되게 하시는 것입니다.

"여호와에서 홍수 때에 좌정하셨음이여 여호와께서 영원하도록 왕으로 좌정하시도다
여호와께서 자기 백성에게 힘을 주심이여 여호와께서 자기 백성에게
평강의 복을 주시리로다" (시29:10)

하나님이 다스리는 나라, 즉 하나님의 다스림과 통치를 받는 사람의 마음에는 의와 평강과 희락이 있습니다. 하나님과 예수님의 의가 충만합니다. 주님의 평강이 충만하게 됩니다. 큰 평안이 임합니다. 천국의 기쁨 즉 주님의 기쁨과 희락이 있습니다.

"하나님의 나라는 먹는 것과 마시는 것이 아니요
오직 성령 안에 있는 의와 평강과 희락이라" (롬 14:17)

오직 예수님의 평강이 내 마음을 다스리게 해야 합니다. 이것은 예수 그리스도가 내 마음속에서 평강의 왕이 되도록 하는 것입니다. 소극적으로 평강을 누리는 것이 아니라 적극적으로 평강이 내 마음을 다스리도록 해야 합니다. 그렇게 하는 방법은 평강이 아닌 것을 내 마음속에 다 몰아내는 것입니다. 오직 평강만이 내 마음에 가득하도록 평강에 관한 말씀을 암송하고 묵상하고 평강에 관한 말씀으로 충만하게 해야 합니다. 그 결과 감사함이 흘러 나옵니다.

"그리스도의 평강이 너희 마음을 주장하게 하라" (골 3:15)

"여호와의 말씀이니라 너희를 향한 나의 생각을
내가 아나니 평안이요 재앙이 아니니라" (렘29:11)

내 입에서 감사가 나온다는 것은 내 마음속에 평강이 있다는 뜻입니다. 대신 내 입에서 불평과 원망이 나온다면 그것은 내 마음속에 평강이 없다는 증거입니다. 감사를 통해서 내 마음속에 평강이 있는가 없는가를 측정할 수가 있습니다. 평강은 강함과 담대함과 함께 하나님이 우리에게 주시는 복입니다.

"그러므로 우리가 믿음으로 의롭다 하심을 받았으니
우리 주 예수 그리스도로 말미암아 하나님과 화평을 누리자" (롬 5:1)

예수님께서 십자가를 지시기 전에 평강을 주시겠다고 약속하셨습니다. 그 평강은 오지 않았던 것입니다. 그러다 예수님께서 인간의 모든 불안을 짊어 지시고 십자가에서 죽으시고 부활하신 후에 그 평강은 실제화된 것입니다[13]. 그래서 예수님께서는 죽음에서 부활하신후 제자들에게 나타나셔서 "너희에게 평강이 있을찌어다"라고 선포하신 것입니다. 예수님의 평강은 약속에서 완전한 승리로 변한 것입니다. 완전하고 영원한 평강으로 된 것입니다. 모든 죄악은 용서 받았고 평강이 왔습니다. 이미 평강은 주어졌고 기도의 응답은 이뤄졌습니다

부활하신 예수님을 믿는다면 이미 평강이 주어졌음을 알아야 합니다. 우리 안에 고난과 위기와 불안을 능히 이길 수 있는 평강이 있습니다. 그 사실을 우리는 선포해야 합니다.

---

13) 하용조 글중 인용

화평지수가 성공의 지수이다

화평지수 PQ(peace Quotient ; 화평지수)가 성공의 지수입니다.

인간은 기쁨은 관계속에서 사랑을 받고 가진 것을 나눌 때 온다는 점에서 관계지향적 존재라 할수 있습니다.

즉, 관계지수 NQ(Network Quotient ; 관계지수)가 높은 사람이 행복하고 더 기쁨의 삶을 살수 있는 것입니다. 관계지수 NQ란 사람들과의 관계를 얼마나 잘 운영할 수 있는가 하는 능력을 재는 지수입니다.

사람은 평생 동안 100명에서 300명정도의 사람과 긴밀한 관계를 유지한다고 합니다. 그런 사람들과의 인적네트워크를 얼마나 잘 관리하고 활용하느냐가 여러분의 사회 생활과 인생의 성공에 중요한 역할을 합니다.

관계지수가 높을수록 다른 사람과의 소통능력이 좋고 구성원들과 잘 어울리고 배려를 통해 다양한 많은 사람들이 주변에 머물게 됩니다. 즉 미래 사회에는 NQ가 높은 사람, 기업, 나라가 살아남게 됩니다.

"모든 사람으로 더불어 화평함과 거룩함을 좇으라"(히 12:14)

감사, 결초보은인가? 배은망덕인가?

보통 생각하기를 감사는 해도 되고 안 해도 되는 것으로 생각 합니다. 그러나 감사하지 않는 것은 무서운 죄요, 그 결과는 무서운 것임을 알아야 합니다. 조너선 스위프트(Jonathan Swift)의 걸작 '걸리버 여행기'에서 난쟁이

나라 '릴리풋션(Lilliputior)'에서는 '배은망덕의 죄'를 제일 큰 죄로 여겨서 그를 공동의 적으로 만들어, 대화도 안 해주고 상대도 안 해주고 고통을 준다고 합니다. 그 이유는 "은혜 입은 사람에게 악을 행하는 사람이라면, 아무 은혜도 입지 않은 사람에게는 얼마나 더 큰 악을 행하겠는가?" 그래서 배은망덕의 죄를 가장 큰 죄로 여겨 공동의 적으로 만든다는 것입니다14).

헬라의 법학자 라이피콥스는 "감사할 줄 모르는 자들을 벌하는 법을 따로 세우지 않는 까닭은 감사할 줄 모르는 자들은 하나님께서 벌하시기 때문이다"라고 했습니다.

'배은망덕'은 배반할 배(背)에 은혜 은(恩) 그리고 잊을 망(忘)과 덕 덕(德) 자를 써서 "남에게 입은 은덕을 잊고 배반한다"는 의미를 담고 있습니다. 즉 사람과 사람의 믿음을 깨는 행위를 하는 인간들에게 주로 사용하는 사자성어로 알려져 있습니다.

'배은망덕'과 유사하게 쓰이는 '인면수심'의 단어적 의미는 사람 인(人)에 얼굴 면(面) 그리고 짐승 수(獸)와 마음 심(心)을 써서 "사람의 얼굴을 하고 짐승의 마음씨를 가졌다"는 의미를 내포하고 있습니다.

옛날 중국의 후한(後漢) 역사학자인 '반고'라는 사람의 한서(漢書)에 나오는 사자성어로 오랑캐를 언급하면서 "비록 얼굴은 사람 같으나 성질은 흉악하기 짝이 없는 것이 마치 짐승과 같다"에서 유래되었다고 합니다.

반면에 결초보은(結草報恩)이라는 고사성어가 있습니다. 이 고사성어에 얽

---

14) 옥한흠 글중 인용

힌 재미있는 이야기가 있습니다. 춘추시대 진(晉)나라의 군주인 위무자에게 애첩이 있었습니다. 그 애첩에게는 자식이 없었습니다.

나이 많아 병석에 눕게 된 위무자는 아들 위과를 불러 자신이 죽으면 애첩을 집으로 돌려보내 시집갈 기회를 주라고 말합니다. 그러나 마지막 숨을 몰아쉬던 위무자는 자신이 죽으면 애첩도 함께 묻으라고 하는 유언을 남기고 세상을 떠납니다.

아버지의 장례를 치른 뒤 아버지께서 남기신 전혀 다른 두 유언 사이에서 고민하던 위과는 애첩을 순장(殉葬)하는 대신 친정으로 돌려보내면서 "나는 아버지께서 맑은 정신에 남기신 말씀이 옳은 줄 알고 순종하겠다."라고 하였다고 합니다.

한편 세월이 흐른 후 이웃 진(秦)나라에서 진(晉)나라를 침략했을 때의 일입니다. 한 전투에서 위과가 진(秦)나라 군사가 공격을 해 올 때, 한 노인이 나타나 풀을 묶어 적군들이 탄 말이 풀에 걸려 넘어짐으로 쉽게 적진을 격파하고 적장 두회를 사로잡을 수 있었습니다.

그날 밤 한 노인이 위과의 꿈속에 나타나 이렇게 말했습니다. "나는 네가 돌려보낸 아이의 아버지다. 오늘 풀을 묶어 네가 보여 준 은혜에 보답한 것이다." 결초보은은 그래서 생겨났고 그런 뜻으로 사용한다고 합니다.

감사하는 마음에는 마귀가 씨를 뿌리지 못한다

"감사하는 마음에는 사탄이 씨를 뿌리지 못한다" (노르웨이 속담)

"감사는 축복을 부르는 호흡신호이다. 감사하면 축복이 사방에서 넘쳐난다"

"감사하는 영을 개발하라 그러면 그대는 영원한 잔치를 즐길 것이다" (맥더프)

밥 존스(Bob Jones) 박사님은 "마음의 동산에 피는 꽃 중에 가장 사랑스러운 꽃은 감사의 꽃이며, 마음의 제단에서 감사가 사라질 때 그 사람은 거의 죽은 것이나 다름이 없다"

"우리는 '평생 감사합니다'라는 기도만해도 그것으로 충분합니다" (마이스토 메카르토)

감사, 기쁨, 기도는 동시에 일어난다

성경 살전 5장 16~18절을 보면 "항상 기뻐하라 쉬지 말고 기도하라 범사에 감사하라 이것이 그리스도 예수 안에서 너희를 향하신 하나님의 뜻이니라"(살전 5:16~18)라고 말씀하십니다.

이 말씀을 한 문장으로 고백해보자면
"감사하는 자의 얼굴에는 기쁨이 있고 감사하는 자의 고백은 모두 기도"인 고백인 것입니다.

"감사는 명사가 아닌 동사이다"라는 글이 있습니다. 이 글에서 저자는

'종은 누군가 울리기 전에는 종이 아니다. 노래는 누군가 부르기 전에는 노래가 아니다. 사랑은 표현하기 전에는 사랑이 아니다. 축복은 감사하기 전에는 축복이 아니다. 감사함으로써 축복이 되는 것이다"라는 글이 있습니다. 참으로 감동적인 글이 아닐수 없습니다

윌리엄 로우는 그의 저서 〈엄숙한 부르심〉에서 말합니다.

"세계 최대의 성자는 기도를 많이 했다든가, 금식을 많이 했다든가, 혹은 자선을 많이 베풀었다든가 한 사람이 아니라 범사에 하나님께 감사한 사람이다".

우리는 10분 1만 감사한다

예수께서 예루살렘으로 가실 때에 사마리아와 갈릴리 사이로 지나가시다가 한 마을에 들어가시니 나병환자 열 명이 예수를 만나 멀리 서서 소리를 높여 이르되 예수 선생님이여 우리를 불쌍히 여기소서 하며 예수님에게 간절히 애원합니다.

"예수께서 예루살렘으로 가실 때에 사마리아와 갈릴리 사이로 지나가시다가 한 마을에 들어가시니 나병환자 열 명이 예수를 만나 멀리 서서 소리를 높여 이르되 예수 선생님이여 우리를 불쌍히 여기소서 하거늘 보시고 이르시되 가서 제사장들에게 너희 몸을 보이라 하셨더니 그들이 가다가 깨끗함을 받은지라 그 중의 한 사람이 자기가 나은 것을 보고 큰 소리로 하나님께 영광을 돌리며 돌아와 예수의 발 아래에 엎드리어 감사하니 그는 사마리아 사람이라 예수께서 대답하여 이르시되 열 사람이 다 깨끗함을 받지 아니하였느냐 그 아홉은 어디 있느냐 이 이방인 외에는 하나님께 영광을 돌리러 돌아온 자가 없느냐 하시고 그에게 이르시되 일어나 가라 네 믿음이 너를 구원하였느니라 하시더라" (눅 17:11~17)

그러나 나병을 치유받은 열 명중에 한 명만이 예수께 돌아와 감사하는 것을 볼수 있습니다. 이처럼 우리는 우리의 감사가 우리가 감사해야할 내용가운데 1/10도 우리가 감사하지 못함을 우리는 고백해야 합니다.

미국에 있는 미시간 호는 바다처럼 큰 호수입니다. 오래전, 이곳에서 큰 배 한척이 뒤집힌 사건이 있었습니다. 그때 마침 이 배에 젊은 수영 선수한 사람이 타고 있었습니다. 그는 자기 목숨을 내걸고 헤엄쳐 23명이나 구출해냈습니다. 당시 대학생이었던 이 청년의 이름은 물론 신문지상에 커다란 토픽 감으로 등장했고, 많은 사람들이 아직도 그를 기억하며 칭찬하고 있습니다.

그런데 토레이 신부님이 얼마 전 로스엔젤리스에서 부흥회를 인도하는 중에 그 옛날이야기를 꺼냈습니다. '미시간 호수에서 이러저러한 사고가 났을 때 23명의 목숨을 건져 준 청년이 있었습니다' 하고 설교하면서 내려다보니, 그 때의 바로 그 청년이 지금은 백발이 성성한 노인이 되어 앉아 있지 않겠습니까?

설교를 마친 토레이 신부님이 그 노인한테 물었습니다. "그때의 일로 특별히 기억에 남는 것은 무엇입니까?" 그랬더니 노인의 대답 좀 들어 보십시오. "그 23명 가운데 내게 찾아와 고맙다고 말한 사람이 한 사람도 없었습니다. 이것이 기억납니다."

더욱이 예수님의 감사는 감사할수 없을 때의 감사였습니다.
떡 다섯 개와 물고기 두 마리로 오천명이 넘는 군중들이 운집하였을 때, 떡 다섯 개와 물고기 두 마리로 오천명이 넘는 군중들을 도저히 먹일수 없는 절망적인 상황에서 예수님은 감사하셨습니다.

"무리를 명하여 잔디 위에 앉히시고 떡 다섯 개와 물고기 두 마리를 가지사 하늘을 우러러 축사하시고 떡을 떼어 제자들에게 주시매 제자들이 무리에게 주니" (마 14:19)

위 본문에서 "하늘을 우러러 축사하셨다" 라는 말은 "give thanks to the God" 즉 감사하셨다는 말입니다.

떡 다섯 개와 물고기 두 마리로 오천명이 넘는 군중들을 도저히 먹일수 없는 절망적인 상황에서 예수님은 감사하셨을 때, 오천명이 넘는 군중이 다 배불리 먹고 남은 떡 조각과 물고기를 열두 광주리에 가득차게 거두는 기적이 일어난 것입니다. 이것은 감사의 기적입니다.

오물속에 피어나는 꽃, 감사

까만피부의 흑인, 오프라 윈프리의 어둡고 불우했던 어린시절이 어디에 또 있을까? 그녀는 1954년 인종차별이 심했던 남부의 미시시피주 코시어스코의 지독하게 가난한 미혼모에게 사생아로 태어나 어머니의 품이 아닌 할머니 손에서 거의 매일 매질을 당하면서 자라났고, 그곳에서 아홉 살 때 사촌오빠에게 성폭행을 당하였고, 14세에 미숙아 출산과 동시에 미혼모가 되었고, 아이는 태어난 지 2주만에 죽었다.[15]

그 이후로도 어머니의 남자친구나 친척 아저씨 등에게 끊임없는 성적학대를 받았다. 20대 초반에는 가출하여 마약복용으로 하루하루를 지옥같이 살았으며, 살고자 하는 의욕이 전혀 없는 237파운드(약 107kg)의 몸매를 가졌던 여인이었다. 그녀는 사생아였고 흑인이었으며, 가난했고 뚱뚱했고 미혼모였고 마약중독자였던 것이다.

하지만 오프라 윈프리는 지금 미국을 움직이는 또 하나의 힘이자 막강한 브랜드로, 눈부신 존재로 우뚝 섰다. 현재 미국 내 시청자만 2200만명에 전세계 105개국 1억4000만 시청자를 웃고 울리는 지상에서 제일 유명한 토크쇼의 여왕으로, 흑인 최초의 '보그'지 패션모델과 영화배우(아카데미 여우조연상 후보)로, 1년에 1억5000만 달러를 버는 자산 10억 달러 이상의 갑

---

15) 이하 크리스챤 투데이와 뉴스파워 신문 기사중 인용

부로, 세계에서 개런티가 가장 비싼 여인으로, 영화와 tv프로제작·출판·인터넷 사업을 총망라한 '하포(harpo, oprah의 역순) 엔터테인먼트 그룹'의 회장으로, 미국인이 가장 존경하는 여성으로(1997년 월스트리트저널), '20세기의 인물' 중 하나로(사사주간 타임), '세계 10대 여성'의 선두로(인콰이어러) 등등. 그녀는 사람들이 인생에서 가장 얻고 싶다는 인기와 존경, 돈을 모두 가진 여성이 되었다.

윈프리의 가장 큰 성공비결은 책읽기와 감사일기에 있다. 어릴 적부터 책 읽기를 좋아한 그녀는 친구가 없어서 강아지에게 성경을 읽어주었다고 한다. 그리고 언제부터인가 하루 동안 일어난 일들 중 감사한 일 다섯 가지를 찾아 기록하는 감사일기를 하루도 빼먹지 않고 있다.

감사의 내용은

"오늘도 거뜬하게 잠자리에서 일어날 수 있어서 감사합니다"
"유난히 눈부시고 파란 하늘을 보게 해 주셔서 감사합니다"
"점심 때 맛있는 스파게티를 먹게 해 주셔서 감사합니다"
"얄미운 짓을 한 동료에게 화내지 않았던 저의 참을성에 감사합니다"
"좋은 책을 읽었는데 그 책을 써 준 작가에게 감사합니다" 등

거창하거나 화려하지 않고 지극히 일상적인 것들이다.

미국의 오프라 윈프리는 자신의 성공의 비결이 "감사일기"에 있다고 고백한바 있습니다.

"감사일기를 쓰면서부터 내 인생은 완전히 달라졌다. 나는 비로소 인생에서 소중한 것이 무엇인지, 삶의 초점을 어디에 맞춰야 하는지 알게 되었다"

오프라 윈프리의 감사 고백들을 보면

'당신이 가진 것에 감사하라. 만일 당신이, 가지지 못한 것을 바라본다면, 당신은 결코 충분히 가질 수 없을 것이다. 만일 당신이, 이미 가지고 있는 것을 바라본다면, 앞으로 더 많이 갖게 될 것이다'

'나는, 삶이 당신에게 어떤 것을 보여주든 감사할 때 당신의 진동이 바뀐다는 것을 확실히 알고 있다. 당신이 이미 가지고 있는 모든 것들을 알아차리되 갖지 못한 것들에는 신경쓰지 않을 때, 당신에게 이로운 진동을 더 많이 발산하게 된다'

'나는 작은 일에 감사하기 시작했고, 더 많이 감사할수록 내게 주어지는 포상금이 늘었다. 뭔가에 마음을 모을수록 그것이 커지기 때문이다. 삶에서 좋은 일에 마음을 모으면 좋은 일이 더 많이 생긴다. 내 삶에 무슨 일이 일어나든 감사하는 법을 배우자 기회, 인간관계, 심지어는 돈도 내게로 왔다'

'여러 해 동안 나는 '감사하며 살아가는 것'의 힘과 즐거움을 옹호해왔다. 10년 동안 빼놓지 않고 내가 삶에서 기쁘고 감사하게 생각하는 다섯 가지를 기록하는 감사일기를 썼고, 내가 아는 모든 이에게도 그렇게 하기를 권유했다'

'내가 확실히 아는 것이 있다면, 만약 당신이 당신 앞에 나타나는 모든 것을 감사히 여긴다면 당신의 세계가 완전히 변할 거라는 점이다. 가지지 못한 것 대신 내가 이미 가지고 있는 것들에 초점을 맞춘다면 당신은 자신을 위해 더 좋은 에너지를 내뿜고 만들어낼 수 있다. 확신하건대, 매일 짧게나마 짬을 내어 감사한다면, 크게 감탄할 만한 결과를 맛보게 될 것이다'

'당신의 삶을 더 많이 찬미하고 찬양할수록, 찬양하고 찬미할 더 많은 걸 누리게 될 것이다'

'현재 삶에서 누리고 있는 모든 것들에 감사할 때, 진동이 바뀌면서 우리 인생도 더 높은 주파수 대역으로 이동하게 된다'

'범사에 감사하는 습관을 들여라! 삶의 모든 것에 '감사합니다!'라고 말하라. 일상의 모든 순간들에 감사하라! 날마다 감사일기를 쓰라!'

'항상 감사한 마음을 갖기는 쉽지 않다. 하지만 당신이 가장 덜 감사할 때가 바로 감사함이 가져다줄 선물을 가장 필요로 할 때다. 감사하게 되면 내가 처한 상황을 객관적으로 멀리서 바라보게 된다. 그뿐만 아니라 어떤 상황이라도 바꿀 수 있다. 감사한 마음을 가지면 당신의 주파수가 변하고 부정적 에너지가 긍정적 에너지로 바뀐다'

'감사하는 것이야말로 당신의 일상을 바꿀 수 있는 가장 빠르고 쉬우며 강력한 방법이다'

간디는 감사의 분량이 행복의 분량이라 고백합니다.

하나님의 마음에 합한 감사의 사람, 다윗

성경의 다윗도 역시 전천후 감사의 인물이었습니다.
하나님이 다윗을 높이 들어쓰신 것도 그의 감사때문이었습니다.

다윗은 극심한 역경과 고난 속에서도 자신을 다스리며 날마다 기도와 감사로 하나님을 의지했습니다. 다윗이 사울 왕을 피해 아둘람 동굴 속에 숨어 지낼 때에 지은 시들을 보면, 그가 최악의 순간에도 하나님께 주옥같은 감사의 시들을 써서 올렸음을 알 수 있습니다.

"여호와께 감사하라 그는 선하시며 그 인자하심이 영원함이로다" (시 136:1)

"우리를 우리 대적에게서 건지신 이에게 감사하라 그 인자하심이 영원함이로다" (시 136:24)

"감사함으로 그 문에 들어가며 찬송함으로 그 궁정에 들어가서

그에게 감사하며 그 이름을 송축할지어다" (시 100:4)

그는 왕이 된 후 성전에 들어가 기도하며 자신의 인생을 되돌아보면서, 자신은 비천한 집안의 일개 목동에 불과하며 하나님의 종으로서 부름받았다는 사실을 깨달았던 것입니다.

"다윗 왕이 여호와 앞에 들어가 앉아서 가로되 주 여호와여
나는 누구오며 내 집은 무엇이관대 나로 이에 이르게 하셨나이까" (삼하 7:18)

"나는 주의 종이오니 깨닫게 하사 주의 증거를 알게 하소서" (시 119:125)

다윗은 부족한 목동인 자신을 부르시고, 기름 부으시고, 왕으로 삼으시고, 백향목 왕궁에 거하게 하신 하나님의 은혜를 생각할 때 감사하지 않을 수 없었습니다.

"여호와께서 내게 주신 모든 은혜를 무엇으로 보답할꼬…나의 서원을 여호와께 갚으리로다"
(시 116:12,14)

다윗은 끊임없이 받은 은혜를 기억하며 내게 주신 은혜를 어떻게 보답할꼬, 하며 하나님 앞에 겸손히 무릎을 꿇었습니다. 고난의 때에는 불평하고 형통할 때에는 교만한 것이 인간의 마음인데, 다윗은 형통의 때에도 이 모든 일을 이루신 이가 하나님이심을 고백했습니다.

다윗의 마음 속에 법궤가 떠오른 것은 하나님의 은혜에 대한 감사에서 비롯되었습니다. 훗날 성전 건축을 위해 자신의 모든 것을 아끼지 않고 내어 놓은 것도 마찬가지입니다.

다윗은 법궤가 예루살렘 성으로 옮겨질 때 그 기쁨을 감추지 못하고 어린 아이처럼 기뻐하였습니다. 왕이지만 너무 기뻐서 체면불구하고 덩실덩실 춤을 추었습니다. 다윗은 법궤가 들어오는 것을 기뻐하여 정신없이 춤을 추다 바지춤이 흘러내리는 것도 몰랐습니다. 옷도 왕복을 벗어 던지고 평민들이 입는 베옷을 걸쳤습니다.

이것이 하나님 앞에서 취한 다윗의 마음자세였습니다. 인간적인 신분을 모두 내려놓고 어린아이처럼, 아니 종처럼 자신을 낮추고 하나님만 기뻐하고 감사하는 다윗의 마음이 전천후 감사를 가능하게 했던 것입니다.

감사의 교과서, 욥의 알몸레슨

우리가 잘 아는 바와 같이 욥은 동방의 최고 부자였습니다. 그렇게 많은 재산, 10남매나 되는 자랑스러운 자녀들, 천하에서 가장 미인이라고 하는 아내, 어느 것 하나 부러울 것이 없을 정도로 생의 모든 쾌락을 만족시킬 만한 조건들을 다 충족시키면서 살던 욥이지만 하루아침에 알거지가 되었습니다[16].

이것은 우리에게 대단히 중요한 교훈을 주는 것입니다. 주식으로 떼돈을 벌었습니까? 하루아침에 다 날아갈 수 있습니다. 내가 쥐고 있는 재산, 내가 자랑하는 자녀, 자랑하지 마십시오. 하루아침에 다 없어질 수 있습니다. 욥이 바로 그런 경험을 했습니다. 다 없어지고 몸에 병까지 들어 가려움을 견디지 못하고 기와조각으로 온 몸에 피가 흐르도록 긁어야 하는 너무나 불쌍한 사람이 되어 버렸어요. 하루아침에 그렇게 될 수 있다는 것입니다.

---

16) 이하 옥한흠 글중 인용

그러나 위대한 감사의 인물 욥은 하루아침에 그 많던 재산이 다 도적맞고 불타고하여 다 없어졌고, 대풍에 집이 무너져 10남매가 몽땅 다 깔려 죽었고, 자기 몸에 악창이 나서 형체를 알아볼 수 없게 되었지만, 하나님을 원망하거나 불평하지 않고 욥기 1:21~22절에 "내가 모태에서 알몸으로 나왔사온즉 또한 알몸으로 그리로 돌아 가올찌라 주신 자도 여호와시요 취하신 자도 여호와시오니 여호와의 이름이 찬송을 받으실찌니이다 하고 이 모든 일에 욥이 범죄하지 아니하고 하나님을 향하여 어리석게 원망하지 아니하니라" 라고 하나님께 감사합니다.

욥의 신앙이 위대한 점은, 사탄이 욥으로 하여금 불평과 원망하게 하려고, 온갖 고통과 시험을 가져다주었지만, 사탄이 패배하고 말았고, 욥은 갑절의 축복을 받았습니다.

심지어 욥의 아내는 욥을 힐난하며 하나님을 욕하라 죽으라고 하는 저주까지 받지만 욥은 아내의 저주앞에서도 하나님을 찬양하고 감사합니다.

> "그의 아내가 그에게 이르되 당신이 그래도 자기의 온전함을 굳게 지키느냐
> 하나님을 욕하고 죽으라 그가 이르되 그대의 말이 한 어리석은 여자의 말 같도다
> 우리가 하나님께 복을 받았은즉 화도 받지 아니하겠느냐 하고
> 이 모든 일에 욥이 입술로 범죄하지 아니하니라" (욥 2:9-10)

감사의 교과서인 욥의 감사의 교훈은 우리는 이 땅위에 알몸으로 온 존재이고, 알몸으로 이 땅을 떠나는 존재이고 이 땅에서 우리가 가지는 재산, 자녀, 생명 조차도 내 것이 아니고 하나님이 주신 것이기에 우리는 감사해야 하고 감사할 수밖에 없다는 것입니다.

즉, 모든 것을 주신 분은 절대 주권자 하나님이시기에 모든 것이 없어져도 모든 것이 절대 주권자 하나님의 것이기에 소유의 흥망성쇠는 하나님께 있다는 것이 욥의 알몸레슨이자 감사의 교과서적 영적 교훈입니다.

감사는 영적 전쟁의 승리의 원천입니다

이스라엘에는 성가대가 5천명이었다고 합니다. 상당히 많지요?

역대하 20장을 보면 남 유다의 여호사밧 왕 당시 모압과 암몬의 연합군이 유다를 침공하였습니다. 그들에게 닥친 현실은 너무나도 두려운 상황이었습니다. 상대방은 이쪽과는 비교도 할 수 없는 큰 무리였습니다. 전투력에 있어서도 상대방은 연합군으로서 그 세력이 막강하였습니다.

여호사밧은 온 유다 백성에게 금식을 선포하였습니다. 절대 절명의 위기의 순간에 여호사밧은 하나님께 기도하기 시작했습니다. 그는 성소를 두고 약속하신 하나님의 약속의 말씀을 붙잡고 간절히 기도하였습니다.

그때 하나님께서는 레위 사람 '야하시엘'을 통해 이 전쟁에서 유다가 승리할 것을 말씀해 주셨습니다. 이 전쟁은 "하나님께 속한 것이며"(15절) "너희가 싸울 것이 없다"(17절)는 하나님의 말씀에 여호사밧은 군사적인 전투 태세를 전혀 갖추지 않았습니다. 대신 참으로 희한한 결정 한 가지를 하게 됩니다.

여호사밧은 백성과 의논하여 노래하는 자들을 택하고 그들에게 거룩한 예복을 입혀서 군대 앞에 행하며 여호와를 찬송하게 했습니다. 선지자가 "이 전쟁에서 너희가 싸울 것이 없다"고 한 말씀을 듣고서 여호사밧은 생각했습니다. '그럼 우리가 할 수 있는 일은 무엇이란 말인가?' 그들이 할 수 있는 유일한 일은 승리를 주실 하나님을 신뢰하고 그 하나님을 찬양하는 것뿐이라고 생각했습니다.

하나님께서 싸우실 것이고, 하나님께서 승리를 주실 것임을 절대적으로 믿는다는 의미로 그는 찬양하는 자들을 택하여 그들로 하여금 하나님을 찬양하게 하였습니다. 상대 연합군의 입장에서 볼때는 생사가 오가는 싸움터에서 전투 태세를 갖추기는 커녕 친양하는 자들을 택하여 찬양을 하게 한 것은 참으로 어리석고 미친 짓같이 보였을 것입니다.

그러나 유다 사람들은 너무나 진지하게 전쟁터에서 찬양을 부르며 그들에게 다가갔습니다.

한번 생각해 보십시요.
생사가 오고가는 피비린내 나는 전쟁터에서 이스라엘은 수천명의 성가대가 제일 선열에서 찬양을 불렀습니다. 칼과 창으로 무장한 상대 전력 앞에 아무 무기도 없이 예복을 입고 앞에 서서 그들은 찬양만을 하였습니다.

여호사밧은 택한 성가대로 하여금 하나님의 영광만을 찬양하게 하였습니다. 그 영광의 노래와 찬송이 시작될 때 하나님은 일하시기 시작하셨습니다. 그들이 찬양을 시작하자 하나님께서 친히 싸우셔서 암몬과 모압 족속을 멸하셨습니다. (대하 20:20-23)

우리가 처한 상황에 따라 찬양의 크기, 찬양의 무게, 찬양의 깊이가 달라져서는 안 됩니다. 여호사밧왕이 전쟁이라는 두려운 상황에서 그것도 군대보다 앞장서서, 성가대 한 일은 하나님을 찬양한 것이었습니다. 그것도 "도와주십시오"라는 내용이 담긴 눈물 섞인 찬양이 아니라, "하나님 감사합니다"라는 내용의 힘찬 찬양이었습니다. 그들은 전쟁의 극한 상황에서 언제나 신실하시고 자비하신 하나님을 찬양하였습니다. 영광의 찬양을 하였습니다.

"여호와께 감사하세 그 자비하심이 영원하도다"

이 찬양의 가사는 시편에서 많이 찾아볼 수 있는 가사입니다. 하나님은 언제나 약속하신 말씀 그대로 성취하시는 분이시라는 것은 시편 찬양의 주요한 주제이기도 합니다. 여호사밧은 다른 내용이 아닌 하나님의 성품과 하님의 역사의 영원성을 찬양하는 영광의 찬양만을 부르게 했습니다.

우리 이 찬양을 함께 불러 보겠습니다.

"주께 감사하세 그는 선하시며 인자하심이 영원함이로다"

특별히 우리의 환경이 어떠하든 우리는 감사 한가지만을 반드시 기억해야 합니다. 이것은 우리에게 우리의 환란에서 벗어나는 권능에 대해 잘 말해줍니다. 감사는 기적을 가져옵니다.

그것은 바로 우리의 환경이 어떠하든 하나님의 신실하심과 하나님의 성실하심과 하나님의 위대하심만을 찬양하며 감사해야 합니다. 그러할 때 하나님의 능력이 우리가운데 드러나게 된다는 사실입니다.

> "나는 작은 일에 감사하기 시작했고, 더 많이 감사할수록 내게
> 주어지는 포상금이 늘었다. 뭔가에 마음을 모을수록 그것이
> 커지기 때문이다. 삶에서 좋은 일에 마음을 모으면 좋은 일이 더
> 많이 생긴다. 내 삶에 무슨 일이 일어나든 감사하는 법을 배우자
> 기회, 인간관계, 심지어는 돈도 내게로 왔다"
> (오프라 윈프리)

| 4장 | 인내하라

"주께서
너희 마음을 인도하여
하나님의 사랑과
그리스도의 인내에
들어가게 하시기를
원하노라"
(살후 3:5)

4장 인내하라

"가장 절망적일 때 가장 큰 희망이 온다"라는 책이 있습니다.

이 세상에서 가장 칠흙같이 어두울 때가 언제입니까?
이 세상에서 가장 칠흙같이 어두운 때는 바로 새벽의 미명,
새벽의 동이 트기 바로 전입니다.

태양의 빛이 발현되기 시작하기 바로 직전인 바로 그때가 이 세상에서 가장
칠흙같은 어두움의 시간인 것을 아십니까?

오래참음은 성숙의 표징입니다

1960~1970년대 스탠퍼드 대학교의 심리학자 월터 미셸이 실시한 유명한 실험에서 취학 전 어린이들은 작은 책상 하나만 덩그러니 놓여 있는 방 안에 초대되었다. 책상 위에 있는 것은 마시멜로 두 개와 종(bell) 하나. 연구자는 어린이들에게 이렇게 말했다.

"난 바빠서 잠깐 나가봐야겠어. 나중에 내가 돌아왔을 때 마시멜로 두 개를 다 줄 테니 기다려. 혹시 그 전에 마시멜로가 먹고 싶으면 종을 울리고 하나만 먹으렴. 하지만 하나를 먹으면 그걸로 끝이야. 두 개를 다 먹으려면 내가 돌아올 때까지 기다려야 해."

연구자는 이 말을 남기고 방 밖으로 나갔다. 방문은 굳게 닫혔고, 어린이들은 금단의 마시멜로와 함께 방 안에 남겨졌다. 어떤 어린이들은 불과 1분 만에 종을 울리고 마시멜로 하나를 먹어치웠고, 어떤 어린이들은 유혹을 이겨내기 위해, 눈을 가리고 노래를 부르고 책상을 걷어차면서 딴청을 부렸다. 꾀가 많은 어린이는 어찌어찌해서 낮잠을 잤다.

결국 1/3의 어린이들은 참지 못하고 마시멜로를 먹고, 나머지 2/3는 끝까지 참았다. 그런데 이 실험을 유명하게 만든 것은 바로 다음과 같은 부분이었다.

그로부터 10년 후 실시된 2차 연구에서, 유혹을 이겨낸 어린이는 유혹을 이겨내지 못한 어린이들보다 몸매가 날씬하고 사회 적응을 잘하게 됐을 뿐 아니라, SAT에서 210점이나 더 많은 점수를 받은 것으로 밝혀졌다.

기독교 사회심리학자인 폴투르니에는 성숙의 개념을 친구간에 비밀을 유지하는 것으로 비유합니다. 즉 유아기 때는 비밀이라는 것이 따로 없고 떠벌리는 것이 유아기적 특성이라면 성숙된 성인의 특징은 오래참고 서로 비밀을 공유하고 그것을 지켜주는 것으로 설명합니다.

"화가 날 일입니까?" "지적할만한 일입니까?"

최일도 목사의 다일영성수련원에 가면 묻는 말이 있다고 합니다.

"화가 날 일입니까?"입니다. 그래서 각자에게 과거 누구로부터 화가 났던 일을 생각하여 육하원칙에 의해서 쓰라고 한다고 합니다.

"화가 날 일입니까?"였습니다. 그리고 나서 연결되는 다음 질문이 "그러면 그때 왜 화가 났습니까"이다. 그 공식의 답은 나의 편견, 감정, 느낌, 감성, 정죄, 판단 등의 틀로 상대를 보았기에 화가 난 것이라는 것입니다

전 대한민국의 총리이자 서울대 총장이었던 정운찬 교수의 일화중에 정운찬 총리는 한번도 아래에 있는 조교나 학생들에게도 한번도 지적한 일이 없다는 유명한 일화가 있습니다. 참으로 오래참음의 성숙된 모습이 아닐수 없습니다.

강한 태풍과 쓰라린 가뭄에도 인내하고 견딘 나무만이 아름답고 풍성한 열매와 결실을 맺을수 있습니다. 마찬가지입니다. 오래참음은 성숙의 표징입니다.

오래참지 못하고 끊임없이 정죄하고 판단하고 심판하는 사람이 어떻게 성숙할수 있다는 말입니까?

"모든 겸손과 온유로 하고 오래 참음으로 사랑 가운데서 서로 용납하고"(엡 4:2)

인내하는 자, 모든 것을 가진다

명심보감을 보면 공자와 그의 제자 자로의 대화가 나옵니다.
"사람이 지닐 가장 중요한 덕목은 무엇입니까?"하고 자로가 물으니 공자는 "그저 느긋하게 참는 것이니라"고 대답합니다.

"천자가 참으면 나라가 해를 면하고 제후가 참으면 나라가 커지고 관리가 참으면 지위가

높아지고 형제간에 참으면 부귀하게 되고 부부가 참으면 해로하고 친구가 참으면 명예를 얻고 자신에 대하여 참으면 재앙을 면할수 있다"

벤자민 프랭클린은 이렇게 말합니다.

"인내를 지닌 사람은 그가 원하는 것을 가질수 있다"

미국의 30대 대통령인 칼빈 클릿지는

"무엇으로 인내를 대신하겠는가? 많은 재능있는 사람들이 성공하지 못한다. 인내하지 못하기 때문이다. 교육을 많이 받은 사람들이 성공하지 못한다. 왜냐하면 인내하지 못하기 때문이다. 때때로 용기있는 사람도 실패하는 것을 보는데 이도 인내하지 못하기 때문이다"고 하였습니다

먼저 우리가 생각해볼 것은 하나님 자신이 오래 참으시는 분이라는 것입니다.

"주의 약속은 어떤 이의 더디다고 생각하는 것같이 더딘 것이 아니라
오직 너희에 대하여 오래 참으사" (벧후 3:9)

하나님은 성품 자체가 오래 참으시는 분입니다. 하나님의 본질 자체가 오래 참으시는 분이시라는 것입니다. 하나님께서 오래 참으시는 분이시기 때문에 하나님의 약속을 받기 위해서는 당연히 인내가 필요한 것입니다.

"너희에게 인내가 필요함은 너희가 하나님의 뜻을 행한 후에
약속을 받기 위함이라" (히 10:36)

뉴욕의 어느 목사님이 아브라함 링컨의 쓰던 낡은 성경을 살펴보다가 특별히 손때가 많이 묻고 눈물 자국이 많이 있어서 보니까 시편 37편 7절이

더랍니다.

"여호와 앞에 잠잠하고 참아 기다리라 자기 길이 형통하며 악한 꾀를 이루는 자를 인하여 불평하지 말지어다"라고 하는 말씀이었습니다. 링컨 대통령은 오래 참고 기다릴줄 아는 사람이었기 때문에 그렇게 큰 그릇이 되고 위대한 인물이 될 수 있었던 것입니다.

하나님은 성품 자체가 오래 참으시는 분이시기에 하나님도 오래 참고 기다릴줄 아는 사람을 찾고 계시며 그런 사람에게 큰 복을 주시고 큰 그릇으로 사용하신 다는 것을 알아야 합니다.

그래서 성경은 인내하는 자, 그 자가 바로 복된 자라고 정의를 내리고 있습니다.

"보라 인내하는 자를 우리가 복되다 하나니" (약 5:11)

"그러나 여호와께서 기다리시나니 이는 너희에게 은혜를 베풀려 하심이요 일어나시리니
이는 너희를 긍휼히 여기려 하심이라 대저 여호와는 공의의 하나님이심이라
무릇 그를 기다리는 자는 복이 있도다" (사 30:18)

성공의 비결, 인내

미국의 소매상 협회에서 세일즈맨의 거래실적과 인내의 상관관계를 연구 공개하였습니다.

물건을 판매할 때 세일즈맨 중 40%는 단 한번 권유하고 포기합니다. 25%의 세일즈맨은 두 번 권유하고 포기합니다. 15%의 세일즈맨은 세 번 권유하고 포기합니다. 세일즈맨중 오직 12%만이 네 번이상 권유합니다.

그러나 놀라운 사실은 네 번이상 권유하는 12%의 세일즈맨이 전체 판매량의 80% 이상을 차지하고 있다는 것입니다. 결국 88%의 세일즈맨이 판매한 상품은 고작 20%에 불과하였습니다.

세계에서 가장 훌륭한 정치적 지도자를 선정할 때 미국의 링컨, 영국의 처칠을 뽑습니다. 두 사람은 공통점이 있습니다. 첫째는 독실한 기독교인이라는 것입니다. 둘째는 청념결백하다는 것입니다. 셋째는 목사를 청빙해서 기도를 받은 것입니다. 넷째는 절망을 모른다는 것입니다.

처칠수상의 모교 고등학교가 처칠 수상을 초청해서 연설듣기를 원했습니다. 모교 고등학교 교장선생님이 몇 번 찾아와서 연설을 요청해서 수락했습니다. 처칠 수상은 단 30초 연설을 하고 내려 왔습니다. 그의 연설이 유명합니다.

단 세 문장입니다. Never give up! Never give up! Never give up!

많은 학생들이 이 말을 듣고 용기를 가지고 포기하지 않고 열심히 공부했습니다. 그 학교에서 많은 인물들이 나왔습니다.

무슨 일을 하든지 쉽게 포기해서는 안됩니다. 인내가 없으면 어떤 일도 성공할 수 없습니다. 펭귄 암컷이 알을 낳으면 수컷은 날개로 덮어 따뜻하게 해주어 새끼가 나오게 한다고 합니다. 최소한 두달은 먹지도 않고 영하 40도의 추위속에서 시속 40km의 강풍을 견딘다는 것입니다[17].

생각해보면 우리 인간의 인내력은 매우 나약하며 신앙의 인내력도 예외가 아닙니다.

고통이나 좌절로 아픔을 겪을 때 실패나 절망으로 괴로움을 당할 때 우리가 붙잡을 것은 무엇입니까? 그것은 예수 그리스도의 십자가입니다. 이유는 십자가 보다 더 억울한 사건도 십자가보다 더 쓰라린 아픔도 십자가보다 더 골깊은 상처도 없기 때문입니다. 그 십자가를 붙들 때 우리에게 평화와 위로와 소망과 승리가 임하기 때문입니다. 인내해야 소망을 성취할수 있습니다.

"그가 시험을 받아 고난을 당하셨은즉. 시험 받는 자들을 능히 도우실 수 느니라"(히 2:18)

리빙스턴을 잘 아실겁니다. 그도 하나님의 일을 하면서 어려움이 많았다고 합니다. 그의 전기에 보면 그는 오지의 땅 아프리카 검은 대륙에서 사역을 했는데 그 당시 그의 조국 영국에선 그에 대해 서로 엇갈린 보도가 나오고 있었다고 합니다.

한쪽에서는 긍정적인 보도였습니다.
"리빙스턴은 아프리카의 성자다. 그가 아프리카를 변화시키고 있다"

그런데 또 한쪽에서는 부정적인 소문이 보도되고 있었습니다.
"그는 사기꾼이다 선교비의 많은 돈을 가로챘다더라 그래서 원주민 가운데

---

17) 이하 박종순 글중 인용

서도 지금 그의 지도를 받지 않고 이탈하고 있다더라... " 이런 보도가 나돌 았습니다.

그래서 이 진상을 파악하기 위해서 스탠리라는 기자가 진상을 파악하기 위하여 아프리카로 날아옵니다. 아프리카에 와서 4개월 동안 그를 밀착 취재하고 돌아갑니다. 그 기자는 원래 무신론자였는데 리빙스콘을 취재하고 나서 크리스천이 되었다고 합니다.

그가 크리스천이 된 이유를 나중에 밝혔는데 그것은 바로 이런 이유에서 였다고 합니다. 리빙스턴이 그 당시 엄청난 오해와 미움을 받고 코너에 몰 렸는데도 그는 오래 참고 있더라는 것입니다.

그래서 그는 생각했다는 겁니다. 그로 하여금 저렇게 오래 참게 만드는 힘이 어디서 나오는 것일까? 그것은 단순히 인간적인 인내가지고는 안될 것 이다.

그래서 스탠리라는 기자는 그렇게 생각할수 밖에 없었다고 합니다 "그것은 신앙일 것이다" 그렇게 그는 생각하고 예수를 믿기 시작했다는 것 입니다.

참된 신앙인은 진실됨 신앙인은 바로 인내하며 오래 참는 신앙인입니다.

기다림의 은혜

"기다림의 은혜"라는 글을 소개합니다

"농부는 씨뿌림으로 추수를 기다리고 산모는 잉태함으로 출산을 기다리고 낚시꾼들은 미끼를 던짐으로 고기를 기다리고 목자는 피를 토함으로 성숙한 성도들을 기다린다. 그렇다. 인생은 기다림이며 지구력과의 싸움이다.

밤에는 아침을 기다리고 겨울에는 봄을 기다린다. 하루 하루가 기다림의 연속이다. 약속시간을 기다리고, 전화오기를 기다리고 보낸 편지 답장오기를 기다리고 누군가 찾아오기를 기다리며 좋은 소식을 기다린다. 쌀씻어 불지펴 놓고 뜸들기를 기다리고, 외출한 자녀 돌아오기를 기다리고 월급날을 손꼽아 기다린다.

기다림은 우리의 삶을 지탱하게 해주는 든든한 버팀목이다. 신앙생활도 크게 다르지 않다. 기도의 응답을 기다리며, 홀연히 임재하실 하나님을 기다리며 병 낫기를 기다리며, 문제해결을 기다리며, 믿음의 성숙을 기다린다.

그러나 기다림은 영적인 문제이다. 기다림을 방해하는 사단의 충동이 있기 때문이다. 그래서 기다려야 함을 알고도 기다릴 수 없고, 기다리지 못하는 것이다.

기다림은 재미나는 놀이가 아니다. 기다림은 처절한 전투이다. 성경은 기다림에 대한 이야기로 충만하다. 하나님의 사람들을 보면, 잘 난 사람들이 그리 많지 않다. 다만 말씀에 의지하여 잘 기다렸던 사람들이다.

아브라함, 무자함의 25년..
자녀에 대한 기다림이 얼마나 힘들고 지루했을까?

모세, 외로운 광야에서의 40년..
사명에 대한 목마름으로 얼마나 초라하고 비참한 굴욕의 세월이었을까?

요셉, 상처와 억울함으로 얼룩진 13년..
회복과 그리움으로 얼마나 심장이 터지는 통증의 나날들이었을까?
야곱, 실망과 시행착오의 21년..
성숙과 축복에 대한 사무침으로 얼마나 험악한 세월이었을까?

하나님은 당신의 사람들을 기다림이라는 용광로에 던져 타오르게 하신 후에
결국은 녹아지게 하신다. 마지막에는 기다릴 힘도, 기다릴 이유도 제거하신 채로 말이
다. 그냥 눈떴음으로 아침을 열고, 살아있음으로 살아내는 하루일뿐이다.

그러나 지나고 보면, 우리는 기다림으로만 작아지고 정화될 수 있었다.
설렁탕에 사용할 진국을 우려내기 위하여 8시간 정도 기다려야 한다.
우리의 거품과 세속적인 기름기는 기다림으로만 제거되고 진국되어 질수 있다.
기다림에 대한 반대는 조바심이다. 조바심의 뿌리는 불신앙이다.
조바심은 사단이 성도들을 넘어뜨리기 위하여 즐겨 사용하는 코드 중에 하나이다.
그러므로, 조바심에 집착하거나 중독 되면, 영적센서가 작동을 중지하거나 오작동하게
된다.

현재 우리에게 있는 쓴뿌리와 불행의 이유 중의 많은 부분들이 조바심 때문에 생긴 것
이다. 또한 지금의 고난이 어쩌면 조바심으로 인하여 하나님의 일을 그르침에 대한 심
판(?)일 수 있다.

그때, 좀더 기다렸으면.. 그때, 며칠만 더 기다렸다면.. 그 때, 몇 달만 더 참았더라면
좋았을 뻔했던 일들이 의외로 많았던 것을 우리는 우매하여 지나고 나서야 깨달아 알게
된다.

기다릴 수 있음이 영력이다. 기다려지는 사체가 이미 절반은 승리한 영성이다.
기다림의 뿌리는 신뢰이다. 하나님을 신뢰하는 자만이 끝까지 기다릴 수 있다.
기도의 응답도, 전도의 열매도, 교회의 부흥도, 사람의 변화도, 문제의 해결도,

믿음의 성장도, 조바심을 몰아내고 기다릴 수만 있다면 내 손에 넣을 수 있다.

아브라함이 25년 동안 자녀를 기다렸듯이
하나님 또한 25년 동안 아브라함의 믿음 성장을 기다렸을 것이다.
누구의 기다림이 더 중할까?

우리도 기다림으로 지치고 힘들어하듯, 하나님도 우리를 향하여 동일하시다.
그래도 기다릴 수 있는 무엇이 있어서 좋다. 기다려야 할 일을 주심에 행복할 수 있다.
이 땅에는 기다릴 것도, 기다릴 사람도 없는 사람들이 참으로 많다.

몸이 아프지만 건강을 기다릴 수 있다면, 그것은 축복이다.
가난하지만 부요함을 기다릴 수 있다면, 그것 또한 은혜이다.
교회가 부흥이 안되지만, 부흥을 기다릴 수 있다면 그것은 무한 영광이다.
겨자씨만한 믿음도 없지만, 믿음 성장에 대한 기다림이 있다면 그것은 즐거운 일 아닐까? 가시 노릇하는 사람 곁에 있어도 성자 될 날 기다릴 수 있다면 그것은 충분한 기쁨의 이유가 아닐까? 병든 자식 속썩이는 남편 곁에 있어도 그저 살아있음으로 다행이 아닌가?
기다림에 불평 않고 기다릴 수 있음에 감사하는 것이 성숙한 믿음이 아닐까?

밤중이 되면 돌아올 가족을 기다리는 것 때가 되면 고추장에 밥비벼 먹을 지라도
은혜로 말미암은 밥상을 기다릴 수 있다는 것

매일 아프고 힘들지만 38년된 병자를 고치신 주님의 치유를 기다린다는 것
오랜 시간동안 찾아오는 교인 없을지라도 언젠가는 구름 같은 성도들을 기다릴 수 있다는 것 주체할 수 없는 즐거운 일 아닐까?

나의 가난함, 병듦, 부족, 실패, 연약함조차 부러워하는 이들을 생각하면
이 기다림으로 불평함은 오히려 사치가 아닐까?

기다림을 주신 하나님을 찬양하자.
기다릴 수 있는 그 무엇인가가 있는 하루를 주심에 감동하자.
다시 오실 주님을 기다림에 감동하자.

지독히 힘들고 어려운 삶일지라도 지극히 행복할 천국을 기다릴 수 있음에 즐거워하자.
응답도, 축복도, 부요함도, 풍성함도 못깨달으면 불평이나 수십년의 기다림으로도 깨달으면 감사이다.

성경은 '잠잠히 참아 기다리라' 하신다. 기왕 기다릴 것이면 입다물고 기다려야 한다. 투덜거림으로 기다림은 안 기다림 만도 못하리라. 선조들의 기다림의 날들을 세어보면 수년 동안의 기다림은 오히려 부끄러운 자랑일 뿐이다.

내 원수의 목전에서 상을 베푸실 하나님을 묵상하며 악을 선으로 바꾸실 하나님을 신뢰하며 모든 일을 합력하여 선하게 하실 하나님을 바라보면 기다림은 오히려 영광이 된다 그날이 천년이라 할찌라도 말이다.

그러나, 기다림은 결심과 의지로 되는 것이 아니다.
하나님의 은혜로만 가능하다. 나는 기다릴 수가 없다. 기다림에 실패한 흔적으로 충만하다. 그래도 기다리기로 결심하라. 그러면 기다릴 수 있는 새 힘을 공급하여 주실 것이다.

사단의 충동하고 조종하는 조바심과 '중단하고 포기하라'는 압력에 동의하지도 굴복하지도 마라. 반드시 '하나님은 하나님의 시간에 오신다'는 말씀에 동의하라.
마침내 기다림으로 씨를 뿌린 자는 기쁨으로 단을 거두리로다"

인내는 서류의 서명과 같은 것입니다

약속한 것 즉 어음이나 Credit을 현찰(cash)로 바꾸는 것이 바로 〈인내〉입니다. 소망을 현실로 바꾸는 것 역시 인내입니다. 약속의 말씀을 받기 위해서 필요한 것이 바로 인내입니다.

히브리서 10장 36절은 그래서 아래와 같이 말씀하십니다.

> "너희에게 인내가 필요함은 너희가 하나님의 뜻을 행한 후에
> 약속을 받기 위함이라"(히 10:36)

> "여러분이 하나님의 뜻을 행하고 하나님께서 약속해 주신 것을 받으려면
> 인내가 필요합니다"(히 10:36)

'필요함'에 해당하는 헬라어 '크레이안'은 단순한 필요(necessary)를 말하는 것이 아니라 반드시 필요한 없어서는 안될, 빠져서는 안될 필요(indispensable)을 의미합니다. 이것은 인내가 신앙인들에게 얼마나 없어서는 안될 필수적인, 필수불가결 적인 요소인가를 우리에게 보여줍니다.

인내와 분노

분노에 대해서도 생각을 정리할 필요가 있습니다[18]

화내는 횟수와 화내는 이유를 보면 그 사람의 성숙도를 알 수 있습니다.

---

18) 이하 도서 "멀리가려면 함께 가라"에서 인용

별 것 아닌 일에 버럭 화를 내는 사람은 "나는 미성숙한 애 같습니다"라고 광고하는 것과 같습니다. 그럼에도 불구하고 인간이 가장 통제하기 어려운 감정은 분노입니다. 예민한 사람은 분노할 일이 많습니다. 식당에 갔다가도, 텔레비전을 보다가도, 여럿이 모인 자리에서, 남들은 아무렇지도 않게 받아들이는 말 한 마디에 혼자서만 내내 심기가 불편합니다. 별 생각 없이 있는 사람들에게 화를 내기도 합니다. 이런 예민한 사람은 점점 예민한 감각을 발전시킵니다.

화를 내는 이유 중 하나는 남들이 자신과 같기를 기대하기 때문입니다. 어느 노 회장은 이렇게 얘기합니다. "20대를 뽑아놓고 그들이 60대인 내 마음에 들기를 바라는 것은 아예 불가능한 일입니다. 내가 20대를 뽑았으니 내가 그들을 이해하고 그들에게 맞추어야 합니다" 참 성숙한 사람입니다.

SK케미칼의 최창원 부회장은 "마음 알기, 다스리기, 나누기"란 책에 나온 "구나, 겠지, 감사"의 3 단계로 마음을 다스린다고 합니다. 거슬리는 일이 생겼을 때 이렇게 생각하는 것입니다.

1단계는 "그가 내게 이러는구나"하고 객관적으로 받아들인다.
2단계는 "뭔가 이유가 있겠지"라고 생각한다. 정신병자가 아닌 이상 뭔가
    이유가 있을 거로 생각하는 것이다.
3단계는 "뭣뭣 하지 않은 게 감사하지"라고 마무리 하는 것이다.

이런 일은 비일비재합니다. 스티븐 코비의 책에도 이런 사례가 나옵니다. 강연을 하는데 어떤 남자와 여자가 계속 소근거립니다. 신경에 많이 거슬렸습니다. 차마 얘기는 못하고 부글부글 속을 끓이면서 강연을 마쳤습니다.

나중에 알고 보니 여자가 남자에게 동시통역으로 강연을 설명한 것이었습니다. 남자는 아시아계 사장이고 젊은 여자는 통역이었습니다. 분노는 일단 시작하고 나면 통제할 수 없는 상황으로 발전하기 쉽습니다. 그렇기 때문에 나중에 다스리는 것보다 아예 화나는 일을 줄이는 것이 좋습니다.

"분노와 어리석은 행동은 나란히 길을 걷는다. 그리고 후회가 그 둘의 발굽을 문다." 벤자민 플랭클린의 말입니다. "늙는 것을 재촉하는 네 가지는 두려움, 노여움, 아이, 악처다" 탈무드에 나오는 말입니다.

인내의 광야체험

로버트 슐러 목사님의 한 글이 우리에게 깊은 도전을 줍니다.

"절벽 가까이로 나를 부르셔서 다가갔습니다. 절벽 끝에 더 가까이 오라고 하셔서 더 가까이 다가갔습니다. 그랬더니 절벽에 겨우 발을 붙이고 서있는 나를 절벽 아래로 밀어 버리시는 것이었습니다. 물론 난 그 절벽 아래로 떨어졌습니다. 그런데 나는 그때서야 비로소 알았습니다. 내가 날수 있다는 사실을...."

벼랑끝에 서면 우리는 그동안 느끼지 못했던 바람의 조그마한 흐름도 느낄수 있습니다. 벼랑으로 뛰어 내리면 우리는 날 수 있다는 사실을 알게 됩니다.

이 체험은 광야체험입니다.

곳곳에 불뱀과 전갈과 같은 위험요소가 도사리고 있고 사람의 도움이 없고 물조차 없는 보호받지 못하는 죽음의 땅인 광야에서만 우리는 강력한 하나님의 도움과 손길을 체험할 수 있습니다.

시편 50편 15절에서 시편 기자는 이렇게 말씀합니다.
"환난 날에 나를 부르라 내가 너를 건지리니 네가 나를 영화롭게 하리로다"

이 말씀을 "환난 날"에 포커스를 두고 읽어 보십시오. 이 말씀을 다른 각도에서 새롭게 보면 환난 날에 나를 건지시는 하나님을 생생하게 체험할 수 있다는 말씀임을 알 수 있습니다.

"네 하나님 여호와께서 이 사십년 동안에 너로 광야의 길을 걷게 하신 것을 기억하라
이는 너를 낮추시며 너를 시험하사 네 마음이 어떠한지
그 명령을 지키는지 아니 지키는지 알려하심이니라" (신 8:2)

날마다 일어나는 귀찮은 일들과 우리를 짜증나게 하는 그 일들이 갖는 의미는 무엇일까? 왜 그런 일들이 일어나는 것일까? 여기에 그 해답이 있다. 하나님께서 당신을 "시험하고" 계시는 것이다. 이것이, 적어도 부분적으로는 왜 우리의 희망이 산산이 부숴지고 우리가 실망하며 큰 손해를 보게 되는지에 대한 설명이 된다.

즉, 하나님께서 당신을 시험하신 것이거나 시험하고 계시는 것이다. 하나님께서는 당신의 기질과 용기와 믿음과 인내력과 사랑과 충성을 시험하신다. 그러므로 어떠한 어려움이 있어도 견고히 붙어 있어 흔들리지 말아야 할 것이다19).

---

19) 하용조 글중 인용

만일 우리가 이 사실을 좀더 분명하게 깨닫는다면, 우리는 시련과 고난을 당할 때에 인내를 가지고 보다 잘 대처할 수 있을 것이다.

왜 하나님께서는 우리의 삶에 고난과 시험을 허락하실까요? 여러분을 고난의 광야로 계속 돌리시는 이유는 여러분을 낮추시고 여러분의 부족한 믿음, 함량 미달인 믿음을 연단하시고 강하게 하시려는 것입니다.

"도가니는 은을, 풀무는 금을 연단하거니와 여호와는 마음을 연단하시느니라" (잠 17:3)

하나님의 시험과 테스트를 통과하지 못하면 계속 하나님께서 우리를 고난의 광야로 돌리십니다. 그곳에서 우리는 부숴지고 겸손해져 하나님의 뜻을 깨닫게 되는 것입니다. 그러나 중요한 사실은 결국 이 고난의 광야에서 우리는 축복을 받는다는 사실입니다.

광야는 하나님 말씀이 임하는 곳이다

우리가 살아가는 세상을 흔히 광야에 비유하고 나그네 인생 여정을 광야 여정에 비유한다. 광야는 메마른 황무지다. 사람이 살기에 적합하지 않은 땅이다. 마실 물도 구하기 어렵고 먹을 양식도 없는 곳이 광야다. 광야는 살아내기 힘든 고난의 땅이며 적막하기만 한 고독의 땅이다. 광야는 버려진 땅이며 황량한 곳이다. 인생여정을 광야 여정에 비유하고 또 모두가 그 비유에 공감하는 것은 나그네 인생길이 결코 쉽지 않다는 말일 것이다.

광야는 빈 들이다. 아무 것도 없는 곳이다. 곡식이나 과실이 없다. 마실 물도 없다. 의지할 사람도 없다. 쉴만한 집도 없다. 그래서 빈 들이다. 그러나 그 광야에는 낮에는 뜨거운 태양빛이 있고 밤에는 추위가 있다. 굶주린 들짐승이 있고 전갈이 있는 곳이다. 광야는 인간의 삶에 있어서 꼭 있어야 할 것들은 없고, 없어야 할 것들만 있는 곳이다. 그래서 광야는 고난과 고통과 고독의 장소다.

'광야' 혹은 '황무지', '빈 들'로 번역되는 말의 히브리어는 '미드바르'다. 재미있는 것은 이 단어의 어원이 '말하다'라는 뜻을 가진 '다바르'라는 사실이다. 그리고 '미드바르'는 말하는 도구로서의 '입'이라는 의미를 가지고 있기도 하다. 여호와 하나님께서 모세에게 시내 광야(미드바르)에서 말씀하신(다바르) 때로부터 이스라엘 백성들의 공동체가 형성되었고, 그들은 그 광야에서 하나님의 말씀을 들었다. 광야에서 하나님의 말씀을 들음으로부터 출발했고, 광야와 더불어 살아온 이스라엘 사람들은 광야와 불가분의 관계를 가지고 있다. 그들에게 있어서 광야는 단순히 빈들이 아니며 고난과 고통과 고독의 자리만이 아니다. 광야(미드바르)는 하나님께서 말씀해 주시는(다바르) 곳이다.

광야는 험난한 곳이며 고난과 고독을 경험하는 삶의 자리다. 인생들에게 결코 편한 환경이 아니며 바람직한 삶의 자리가 아닌 것 같아 보인다. 그러나 광야는 다른 한 편으로 은혜의 자리다. 하나님의 음성을 듣는 자리다. 그곳은 하나님을 대면하는 자리도 되고, 하나님과 더욱 가까워지는 기회가 되기도 한다. 그러기에 광야는 우리가 마냥 두려워하고 회피할 자리인 것만은 아니다. 원망과 불평만 늘어놓을 자리가 아니다. 만나 주시고 말씀해 주시는 하나님, 세밀한 관심으로 지키시고 보호하시며 인도하시는 하나님과 더욱 가까이 하며 교제하는 은혜를 누릴 수 있는 곳이 광야다.

인생은 광야 여정이다. 광야 길을 걸어가면서 우리는 하나님의 말씀을 들을 수 있는 귀를 열어놓아야 한다. 시시때때로 필요적절하게 우리에게 들려주시는 하나님의 말씀이 있기에 우리는 광야 길에서도 감사할 수 있고 찬송하며 그 길을 갈 수 있다.[20]

스토리가 스펙을 이긴다

현재 기업들 사이에서는 이른바 '스펙 무용론'이 퍼지고 있다. 실제로 국내 기업 인사 담당자 307명을 대상으로 한 설문 결과, 응답자의 88.2퍼센트가 "스펙만으로는 실무능력 파악 힘들다"고 답했다. SK 그룹 채용 총괄 담당자 전종민 PL은 "중요한 것은 스펙 자체가 아니라, 특정 기업 특정 직무에 도움이 되는 역량이다. 현명한 구직자는 남들과 차별화된 능력을 개발하고, 이를 채용 장면에서 효과적으로 이야기할 수 있는 사람이다"[21]

지금 시대는 스펙이 아닌 스토리를 만들어야 할 때다.

최고가 되기 위해 스펙만 쌓아 가다 보면 결국 계속 경쟁을 할 수밖에 없다. 하지만 자신의 스토리를 만들려고 하면 다른 누군가와 비교할 필요 없이 유일한 자기 자신이 되는 것이다.

스펙은 결국 자신을 상품으로 간주해 화물칸으로 옮기려고 할 것이고 스토리는 자신을 상품이 아닌, 살아 있는 작품으로 만들어 객실로 인도해 줄 것이다.

스토리는 곧 우리 삶 자체이며 그런 스토리를 세상에 내놓을수록 사람들

---

20) 이상 기독신문 김종우 글중 인용
21) 이하 도서 "스토리가 스펙을 이긴다"에서 인용

은 매력적으로 느끼게 된다.

　상대에게 신뢰를 주는 가장 빠른 길은 개인의 역사를 보여주는 것이다. 그 역사는 바로 그의 스펙이 아니라, 그의 이야기다

　삶은 항상 성공만 있지 않다. 실패하는 날들도 당연히 있는데 이 실패들을 스펙 위주로 생각하는 사람들이 겪게 되면 포기로 이어지게 된다.

　하지만 스토리와 과정을 생각하는 사람들은 실패 또한 그 과정이라 생각하며 다음 단계의 문을 여는 황금열쇠일 수 있다고 생각하게 된다.

　실패는 곧 실행과 경험이라는 값진 재료로 만들어진 것이며 그 모든 것이 자신의 스토리가 되는 것이다.

　사람의 마음을 움직이는 것은 실패 없는 성공이 아닌 실패에도 불구한 성공, 즉 우리의 스토리이다.

거창고등학교에서 가르치고 있는 직업선택 10계명

1. 월급이 적은 쪽을 택하라.
2. 내가 원하는 곳이 아니라 나를 필요로 하는 곳을 택하라.
3. 승진의 기회가 거의 없는 곳을 택하라.
4. 모든 조건이 갖추어진 곳을 피하고, 처음부터 시작해야 하는 황무지를 택하라.
5. 앞을 다투어 모여드는 곳은 절대 가지 마라. 아무도 가지 않는 곳으로 가라.
6. 장래성이 전혀 없다고 생각되는 곳으로 가라.

7. 사회적 존경 같은 것을 바라볼 수 없는 곳으로 가라.
8. 한 가운데가 아니라 가장자리로 가라.
9. 부모나 아내가, 약혼자가 결사반대를 하는 곳이면 틀림없다.
   의심치 말고 가라.
10. 왕관이 아니라 단두대가 기다리고 있는 곳으로 가라.

실패학, 실패속에 성공의 DNA가 있다

실패학의 창시자인 하타무라 요타로(畑村洋太郎) 도쿄대 명예교수는 '실패학'을 다음과 같이 정의하고 있습니다. 실패학이란 '성공하지 못한 방법인 실패를 배움으로써 실패의 경험을 살리는 것'으로 정의합니다.[22]

즉, 실패학은 실패하지 않으면 배울수 없는 그 무엇인가가 있는 것입니다. 그 실패 속에는 성공의 DNA가 있는 것입니다. 그래서 실패를 두려워해서는 안됩니다.

빌 게이츠가 하버드대에서 세계적인 기업의 CEO들을 상대로 '기업현장에서 징계대상인 실패가 몇 %인가?'라고 질문했는데 설문에 참여한 CEO들은 2~5% 수준으로 답했습니다.

하지만 기업 내에서 잘못을 추궁하고 실패한 사람을 문책한 사례 자체는 70~90%에 육박한다고 합니다. 즉, 기업들이 적절한 실패관리 능력을 보유하고 있지 못하다는 의미라고 볼 수 있습니다.

---

22) 이하 '실패학에서 배우는 성공법칙' GS 칼텍스 매거진 글중 인용

인류의 진보는 99번의 실패 끝에 찾아온 단 한번의 우연한 실패에서 비롯되었다. 전화기를 발명한 에디슨의 실수가 그랬고, 깨진 창문으로 들어온 푸른곰팡이에서 우연히 페니실린을 발견한 플레밍의 경우도 그러했다. 노벨 화학상을 받아 일본 전체를 신선한 감동으로 몰아넣은 다나카 수상자 역시 자신의 발견이 우연한 실수에서 시작했음을 고백했습니다[23].

실패학의 핵심은 놀랄만한 기쁨이 있는 마지막 1개의 실패에 있는 것이 아니다. 오히려 이를 만들어준 99개의 절망뿐인 실패에 주목하고 있다. 99번의 좌절을 통해 지식을 습득하지 않고서는 최후의 1개는 결코 생겨날 수 없기 때문이다.

빌게이츠가 생각하는 실패는 학습의 대상이다.
'당신이 유쾌 하지 않은 소식을 접했을 때, 그것을 부정적인 것으로 받아들이지 않고 변화를 위한 필요로 받아들인다면, 그 소식 때문에 의기소침해지지 않을 것이다. 오히려 그것을 통해 배울 것이다'

실패 속에 성공의 DNA가 있는 것입니다. 그래서 실패를 두려워해서는 안 됩니다. 실패를 학습하고 성찰하고 참고하면 도약의 디딤돌이 되는 것입니다.

전 도쿄대학 교수 하타무라 요타로(畑村 洋太郎)는 '실패학'이란 학문을 처음 그가 쓴 '실패학의 권유'는 베스트셀러가 된 유명한 저술입니다. 그는 "새로운 가치의 창조는 실패를 통해서만 가능하다."고 역설한다.

실패학에 관한 선진국은 단연 일본이다.

---

23) 이하 '실패학, 성공 포인트7' LG경영연구원 글중 인용

일본의 세계적인 경영자 혼다 소이치로(本田 宗一郞)는 사내에 '실패상'을 제정하여 독창적인 기술의 개발을 독려했다.

그는 기술자들이 당당하게 실패한 프로젝트에 대해 그 원인이나 경로를 정확히 밝혀내면 책임을 묻는 대신에 상을 주어 격려함으로써 그들의 사기를 높였다.

이런 노력이 결실을 맺어 혼다기술연구소는 자동차 엔진 기술 분야에서 세계 제일의 경쟁력을 지닐수 있었습니다.

또 IBM의 설립자인 톰 왓슨은 정당하게 실패한 일에 대해서는 결코 그 담당자의 책임을 묻는 일이 없었습니다. 이것은 그의 인재관리 성공비결 중 하나라고 할 수 있다.

한번은 젊은 부사장이 매우 모험적인 신제품 개발계획을 보고했다. 톰 왓슨은 과연 이 사업이 성공할 수 있을지를 그에게 물었다.

부사장은 위험부담이 큰 사업일수록 큰 수익을 가져올 가능성이 높다고 하며 계획의 실행을 강력히 주장했습니다. 그러나 그 신제품 개발사업은 회사에 1천만 달러라는 거액의 손해를 입히며 실패하고 말았습니다.

톰 왓슨이 부사장을 불렀을 때 그는 사표를 제출하며 말했다.
"회사에 막대한 손해를 끼친 책임을 통감하며 사직서를 제출합니다."

그러나 톰 왓슨은 정색을 하며 말했다.
"무슨 소린가! 나는 자네를 교육하는데 무려 1천만 달러를 들였는데…. 다시 시작하게"

왓슨의 격려에 고무된 부사장은 다시 한번 도전해 마침내 그 사업을 성공의 궤도에 올렸습니다.

실패학의 10가지 지혜

① 성공은 99%의 실패 교훈과 1%의 영감으로 만들어진다.
② 실패는 어떻게든 스스로를 감추려는 속성이 있다.
③ 방치한 실패는 성장한다.
④ 큰 실패는 29건의 작은 실패와 300건의 실수 끝에 발생한다.
⑤ 실패 정보는 전달을 꺼리며 전달하는 중에 늘 축소된다.
⑥ 실패는 비난하고 추궁할수록 더 큰 실패를 낳는다.
⑦ 실패 정보는 모으는 것보다 고르는 것이 중요하다.
⑧ 실패 가운데에는 필요한 실패와 일어나선 안 될 실패가 있다.
⑨ 실패는 숨길수록 병이 되고 드러낼수록 성공이 된다.
⑩ 좁게 볼 때는 성공인 것이 전체로 보면 실패일 수 있다.

자세히 보면 실패속에 성공이 있다

태초에 하나님이 천지를 창조하셨다. 보시기에 좋았단다.[24]

창조의 기쁨이 채 가시기도 전에 하나님은 실패했다. 자신의 피조물에게 반역 당했다. 어쩌면 예정된 실패였는지도 모른다. 그들과 사랑을 나누고 싶었다면 사랑밖에 못 하도록 해야지, 자기 멋대로 할 수 있는 존재로 만들었으니 실패가 보장된 길이다. 선악과도 그렇다. 뭐든지 마음대로 먹으라 해

---

24) 이하 장재휴 "실패하는 예수" 글중 인용

놓고 딱 하날 먹지 말라니 원 참. 제 뜻대로 해도 좋은 사람은 자유롭게 그 먹음직하고 보암직한 과일을 따 먹었다. 하지만 하나님은 실패로 귀결될 수밖에 없는 판을 흔쾌히 짜고 그 안으로 기꺼이 침투하신다. 반역을 반전으로 맞선 셈이다.

하나님의 방법은 이상하다. 어디로 튈지 모르는 피조물을 동료로 임명한다. 혼자 다 하면 완벽할 텐데 굳이 자유분방하고 위험천만한 사람과 함께한다. 이번에도 최강 파트너를 믿지 못하고 배반하는 인간들. 하나님은 또실패한다. 심지어 인간을 지은 걸 후회하고 자신의 작품을 홍수로 지우기도한다. 심기일전하여 아브라함과 사라를 선택하지만 소위 믿음의 조상과 그의 자손은 거듭 하나님의 뒤통수를 친다. 결국엔 '택한 백성' 이스라엘에게조차 배신을 맛보아야 했다. 믿는 도끼에 발등 찍히는 것도 유분수지. 학습능력이 없는 건지 계속 실패의 수를 던진다.

예수 역시 그 아버지에 그 아들이다. 시작부터 아슬아슬하다. 자신이 태어날 따뜻한 방 한 칸도 제대로 마련하지 못한다. 심지어 한 나라 최고 권력자가 그 신생아를 죽이려고 한다. 예수의 유년기는 도망으로 점철되었다. 유복한 어린 시절도 없다. 대개 위인은 숨어 지내다가도 한순간에 혜성처럼등장하기 마련이다. 예수도 유월절에 성전을 뒤집어엎으며 화려하게 데뷔한다. 세간의 주목을 받지만 '원 히트 원더'(단 한 곡으로 기억되는 뮤지션)로그치고 만다.

이후 작심하고 당시 종교 지도자인 사두개인과 바리새인에게 맞서지만 거기까지다. 아쉽게도 세상의 힘은 저들에게 있었다. 이기지 못할 거면 덤비지도 말았어야지. 오히려 자신이 죽임을 당한다. 그것도 가장 비참하고 고통스러운 방식으로. 예수는 자신의 뒤를 잇게 하려고 손수 뽑은 제자 12명을 키

워내는 데도 실패한다. 3년을 동고동락하며 혼신의 힘을 쏟았지만, 아버지가 그랬던 것처럼 아들도 뒤통수를 세게 맞는다. 하나는 자신을 팔아넘긴 다음 자살하고, 다른 하나는 세 번이나 저주하며 자신을 부인하지만 다행히 회복되긴 한다. 예수는 애송이에다 오합지졸인 11명의 제자에게 모든 것을 맡기고 자신은 떠난다. 그들이 폭삭 망하면 어쩌려고. 아슬아슬한 도박이다.

보혜사 성령이 오신 뒤에도 실패 행진은 계속된다. 교회사에 의하면 아버지와 아들을 따르는 이들은 쫓겨나고 도망치고 얻어맞는다. 꾸역꾸역 버틸 뿐 속 시원히 승전고를 울린 적은 별로 없다. 그러는 사이 사탄의 기술은 점점 발전한다. 더 지능적으로 더 교묘하게. 그 녀석들은 삐끗하지도 않고 성공을 이어간다.

하나님, 예수님, 교회의 숱한 실패 스토리. 생각지도 못한 인물이 등장하고 예상치 못한 일이 벌어진다. 그 실패로 세상은 신묘막측하게 돌아간다. 복음은 실패에서 싹을 틔웠다. 세상이 깜짝 놀랄만한 창의적인 방식으로. 가히 창조자 하나님을 닮았다고 할 만하다. 이집트로 끌려간 노예가 그 거대한 제국의 2인자가 된다는 건 말이 안 된다. 갈대 상자에서 세상을 뒤바꿀 생명이 숨 쉬고 있을 거라고 누가 상상이나 했을까? 나라를 잃고 바벨론으로 끌려간 포로의 딸이 제국의 왕비가 되어 펼친 활약은 어떤가? 무엇보다 가장 끔찍하고 처절한 패배의 상징인 십자가가 그 십자가를 비웃은 세상을 패배에서 구원해 낼 줄은?

실패가 주는 선물은 가능성이다. 실패의 자리에서 뜻밖의 길이 생겨나고 신박한 세상이 펼쳐진다. 실패하지 않으면 누구나 예상하는 일만 일어난다. 잘 짜인 판 안에서 예상대로 흘러가는 세상은 답답하다. 하나님은 기계를 만드신 게 아니다. 실패를 통해 끊임없이 재창조되는 세상, 그걸 만드신 거다. 패배는 패배로 끝나지 않는다. 패배 후 내딛는 다음 발걸음. 그 한 발짝이 세상의 축을 뒤흔든다. 누구나 예측하는 잘 짜인 판에 금이 가기 시작한다. 실패와 패배가 모여 성공이라는 견고한 성이 무너진다. 그렇게 실패는 희망을 만들어낸다.

우리의 좌절도 그렇다. 우리는 좌절을 통해 혼란을 겪는다. 그것으로 기존의 고정된 축이 움직인다. 그 축은 왔다 갔다 하다 어디선가 자리를 잡는다. 그 자리가 본연의 모습에 좀 더 가깝다. 처음의 견고했던 축은 내 것이 아닐 가능성이 크기 때문이다. 좌절을 통한 조율이 아니었다면 내 모습을 찾기 힘들었을 것이다. 그렇게 좌절은 중심축을 이동시킨다.

실패투성이 세상이 진정 아름다운 세상이다. 각자가 역동적으로 살아가는 세상. 숨겨진 내면이 마구마구 드러나는 세상. 실패는 축복이다. 삶의 기회다. 하나님과 파트너가 되어 이 세상을 재창조해 나가는 과정이다. 맘껏 실패하자. 거기서 다음 발걸음을 딛어보자. 그 안에서 진짜 나다움을 맛보며 자유로울 수 있을 것이다. 실패의 자리, 그 막막한 공간에서 마주하는 새로운 세상. 거기서 만나는 하나님은 더 친근하게 느껴질지도 모른다. 실패한 나의 모습은 바로 하나님의 모습일 테니까.

이쯤 되면 팔복에 하나를 더 추가하고 싶어질 지경이다.
"실패한 자는 복이 있나니 무한한 가능성을 보게 될 것이요."

지금 실패하고 있나? 예수님을 따라가고 있다는 증거다. 남보다 더 많이 실패했나? 예수님을 더 많이 닮았다는 증거다. 최선을 다해 적극적으로 실패하자. 예수님을 닮아 온 힘을 다해 실패하자.

바울의 삶은 실패한 삶일까요?

아닙니다. 지금 그 어떤 사람도 바울의 삶을 실패한 삶이라 말하는 사람은 없습니다. 바울의 삶은 성공한 삶으로 평가 받고 있습니다.

그는 지금 인간 최고의 존경을 받고 있습니다. 얼마나 많은 사람들이 지금도 그를 연구하고, 존경하고, 따르고 있는지 모릅니다.

예수님 이후에 최고의 사람! 그 사람은 바울입니다.

긴 역사적인 안목을 갖고 볼 때는 바울처럼 위대한 사람도 없습니다. 그러나 그 당시 상황에서 그는 세상의 구경거리였습니다.

바울은 자신의 사역도 만물의 찌끼같이 낮은 자리에 처하더라도 그는 복음을 위해 필요하다고 보았습니다.

우리가 생각하는 것 처럼, 더 크고, 더 많은 것들이 유일한 성공의 척도라면 사도 바울의 사역은 실패한 것이 됩니다. 이제 그는 제자들을 가르치지도 교회들을 개척하지도 못 할 뿐 더러 동역자들도 다 떠나 버리고 누가 한 사람만 남아 있는데 이것이 실패가 아니면 무엇이겠는가?

그러나 바울의 실패한 그의 사역중에 하나님의 복음이 전세계에 증거되어지는 귀한 결실로 오늘날 우리에게까지 복음이 증거된 것 아닌가요?

"주께서 내 곁에 서서 나에게 힘을 주심은 나로 말미암아 선포된 말씀이 온전히 전파되어 모든 이방인이 듣게 하려 하심이니 내가 사자의 입에서 건짐을 받았느니라" (딤후 4:17)

요한 계시록 2장을 보면 하나님은 서머나 교회에 이렇게 말합니다.

"내가 네 환란과 궁핍을 알거니와 실상은 네가 부요한 자니라"

무슨 말입니까? 궁핍한 자 같으나 실상은 부요한 사람이 있다는 것입니다. 실패한 자 같으니 실상은 성공한 사람이 있다는 것입니다.

상처는 별이 된다. turn your scar into star!!

한 가난하고 불행한 소년이 있었다. 그는 일찍 아버지를 잃었다.
남은 가족은 정신질환을 앓고 있는 어머니와 포도주의 통을 수리하는
장애인 삼촌뿐이었다.

소년은 극심한 영양실조로 폐결핵을 얻어 정상적인 생활이 불가능했다.
그러나 소년은 '성실성'과 '열정'을 소유하고 있었다.

초등학교 담임인 루이 제르맹은 이 소년의 천재적인 문학성을 발견하고
끊임없이 격려해 주었다. 그는 '가난'과 '질병'을 문학을 향한 열정으로 극복
했다. 삶의 아픈 상처를 작품으로 승화시켜 많은 명작을 남겼고 44세에 노
벨문학상을 받았다.

이 사람의 이름은 프랑스 최고의 작가인 알베르 카뮈다.

이 소년에게 고난은 저주였을까요? 아니면 축복이었나요?
이 소년에게 고난은 축복이었습니다. 복이었습니다
이 소년에게 고난이 찾아온 것이 아니라 바로 복이 찾아온 것입니다

한 음악가가 있었습니다. 그는 질병으로 반신불수 상태였습니다 .
질병치료를 위해 많은 돈을 빌렸으나 이를 갚지 못해 감옥에 갇혔습니다.
이 절망적인 순간에 그는 악보를 펴놓고 창작에 몰입했습니다.
이 사람의 이름은 세계적인 음악가 헨델

그리고 감옥에서 만든 작품은 최고의 걸작으로 불리는 할렐루야입니다 .

또 다른 한 소년이 태어났습니다. 그는 태어날 때부터 병약했습니다.
사람들은 그가 오래 살지 못할 것이라고 수군거렸습니다. 소년은 학교에 결
석하는 날이 많았습니다. 체육시간이면 운동장 한편에 앉아 친구들이 뛰노
는 모습을 물끄러미 구경하거나 책을 읽었습니다.

소년은 몸이 약한 대신 달변가였습니다. 그는 사람들을 모아놓고 재미있
는 이야기를 들려주었습니다. 이야기 선생님으로 불린 이 사람의 이름은 스
티븐슨, 소설 '보물섬'의 작가입니다.

악성 베토벤과 발명왕 에디슨도 농아였습니다.
실락원을 쓴 밀턴은 시각장애인이었습니다.
예술가들중 고난의 강을 건넌 사람들이 많습니다.

바로 역경은 위대한 창조의 초석인 것입니다.

양질의 옥도 갈지 않으면 명품이 될 수 없습니다.
바람이 심한 곳에서 자라는 나무들이 땅 속에 깊이 뿌리를 내립니다. 노련
한 어부는 풍랑이 일 때 실력을 발휘하는 것입니다. 장수가 명예를 얻는 곳
은 전쟁터입니다 .

인간은 시련을 통해 연단됩니다 .
그리고 그 고난 뒤에는 하나님의 선물이 준비돼 있는 것입니다

우리가 잘 아는 '우리 생애 최고의 해'라고 하는 영화가 있습니다.

그 대강의 줄거리는 이렇습니다. 제 2차 대전 때, 헤럴드 레셀이라고 하는 청년이 공수부대원으로 전투에 참가했다가 폭탄에 맞아서 두 팔을 다 잃어버렸습니다. 불구가 된 그는 참으로 낙심하고 좌절하면서 하나님 앞에 기도합니다.

"하나님, 나는 쓸모없는 사람입니다. 나는 쓸모없는 사람입니다."

그런데 하나님께서 원망의 기도를 하는 그의 귀에 분명히 들려주셨습니다.

"그래도 잃은 것보다 얻은 것이 많지 않느냐."

레셀이 가만히 생각해보니까 자기에게는 아직 생명이 잃고, 두 눈이 있고, 두 귀가 있고, 두 발이 있습니다. 정말 잃은 것보다 얻은 것이 아직도 많습니다. 생각을 바꾼 그는 의사에게 부탁해서 의수를 만들었습니다. 또 열심히 타이프 치는 것을 연습했습니다.

그래서 자기가 지내온 생활을 잘 정리하여 책으로 엮었습니다. 이것이 일약 베스트셀러가 되고, 영화화되었습니다. 더우기 그 영화에서는 자기가 직접 주연과 연출을 맡았습니다. 그는 정말로 크게 성공했고, 많은 사람들을 감동시켰습니다. 그래서 영화 제목이 '우리 생애 최고의 해'입니다.

어느 기자가 그에게 물었습니다. "당신은 신체적 조건으로 인하여 절망하지 않았습니까?"

그는 결연히 대답했습니다. "아닙니다, 나의 육체적인 장애는 도리어 가장 큰 축복이 되었습니다. 여러분은 언제나 잃어버린 것을 계산할 것이 아니라 하나님께로부터 받은 것, 얻은 것을 생각해야 할 것입니다. 그 은혜에 감사하며 그것을 사용할 때에 하나님께서는 잃은 것의 열매를 크게 보상해주십니다. 더 많은 가능성이 그 앞에 열리게 될 것입니다."

제가 좋아하는 영어 경귀중에 이런 경귀가 있습니다.
"turn your scar into star!!" 너의 상처를 너의 별로 만들어라는 경귀입니다.

상처는 별을 만들수 있는 기회입니다.

고난뒤 반드시 복이 온다. 고난은 축복의 대문

위어스비라는 목사님에게 여비서가 있었다. 사고를 당해서 그 여자의 남편은 장님이 된 채 사경을 헤매고 있으며, 그 여자 자신도 많은 시험을 겪고 고생을 하더란다.

딱하고 답답한 나머지 목사님이 비서를 위로한다. "나는 당신과 당신 가정을 위해 기도하고 있습니다." 그러자 비서가 묻는다. "뭐라고 기도하십니까?"

목사님이 대답한다. "하나님께서 은총을 주시어 당신의 고난을 면케 해

달라고 기도하지요."

그랬더니 여비서는 "그렇게 기도하지 마세요, 목사님" 하고 뜻밖의 반응을 보였다. "저는 이 시련을 통하여 하나님께서 내게 주시는 모든 은혜를 다 받으려고 합니다. 끝까지 참고 견디어서 받아내야 되겠어요. 그러니 목사님, 제가 그 축복을 받아냄으로써 오늘 당하는 이 고난이 헛된 고난으로 끝나지 않게 해 달라고 기도해 주세요"

롬 8장 18절을 보면 현재 우리가 당하는 고난과 영광중 결국은 현재 우리가 당하는 고난 그 자체가 너무 보배로운 것이며 너무나 소중한 것임을 분명히 지적합니다.

"생각하건대 현재의 고난은 장차 우리에게 나타날 영광과 비교할 수 없도다"
(롬 8:18)

롬 8장 18절을 영어성경(NIV)를 보면 이렇게 번역하고 있습니다.
"I consider that our present sufferings are not worth comparing with the glory that will be revealed in us"(NIV, 롬 8:18)

직역을 하면 "우리의 현재의 고난은 우리에게 이제 곧 드러나게 될 영광과 비교할만 가치가 없다"입니다.

이 말씀은 고난에 대한 두가지의 중요한 사실을 우리에게 말씀하여 주고 있습니다.

첫번째는 이제 곧 고난뒤에 드러나게 될 영광과는 비교할 만한 가치도 없으리만큼 고난은 그 자체로 매우 보배롭고 신비하고 중요한 의미를 가진다는 사실입니다.

두번째로 고난뒤에는 바로 영광이, 축복이 임박하기에, 고난이 온다는 사실은 바로 축복이 오고 있는 전조라는 위대한 사실입니다.

신학교에서 신약학을 공부하다 보면 신약학에 나타난 두가지 신학을 배웁니다. 첫 번째가 고난의 신학이며 두 번째가 영광의 신학입니다.

바로 고난의 신비뒤에는 영광과 축복이 따른다는 신학적인 성찰입니다.

기도스쿨의 노용욱 교수의 "주여! 나의 병이 나았나이다" 라는 책을 보면 이런 이야기가 나옵니다.

"진단 결과 위암 4기였습니다. 하용조 목사님도 병문안을 오셨습니다.
하 목사님은 내 마음의 중심을 이미 꿰뚫어 보셨던 것 같습니다. 몸이 아니라 영혼이 갈급하다는 것을.

'문 집사, 고난은 축복의 시작이야. 힘내!' 그러면서 나를 꼭 안아 주셨습니다.
그 말에 멈추었던 삶에 대한 용기가 다시금 살아나는 것을 느꼈습니다"

고난은 위대한 스승, 재산

고난은 축복의 시작입니다 아니 고난은 축복의 문입니다. 이 사실을 안다면 우리는 고난에 감사할수 밖에 없습니다. 이 사실을 안다면 우리는 고난에 담대할수 있습니다.

고난은 비타민입니다.

"미국 프로야구에서 뛰고 있는 '코리안 특급' 박찬호(텍사스 레인저스) 선수가 대망의 통산 100승 달성을 눈앞에 두고 있다. 그는 지난달 30일 홈구장 아메리퀘스트필드에서 벌어진 시카고 화이트 삭스와의 경기에서 6이닝 3실점(6안타 4볼넷) 삼진 4개의 호투로 팀의 12대4 승리를 이끌었다. 이날 승리로 미 메이저 리그 통산 99승을 달성한 그는 4일 100승을 목표로 캔자스시티 로열스와 맞선다.

그는 시카고와의 경기에서 4회 홈런을 포함,2점의 추가점을 내주는 등 위기를 맞았으나 집중력을 발휘하며 선전,승리투수가 됐다. 그는 최근 자신의 공식 홈페이지에 '제게 4이닝에 닥쳐왔던 고난이 있었듯이 우리의 삶에는 늘 고난이 닥치게 됩니다. 그러나 그 고난은 절대적으로 우리를 더 강하게 만들 수 있는 비타민이죠'라고 이 경기에 대한 소감을 밝혀 많은 사람에게 큰 감동을 주었다. 그렇다. 고난은 독(毒)이 아니라 비타민이다" (김상길 논설위원, 국민일보)

고난은 변장된 축복입니다.
고난은 축복의 재료입니다.
고난은 축복의 전조입니다.
고난은 축복의 대문입니다.
고난이 오는 것은 곧 축복이 오는 것 다름 아닙니다.
고난뒤에 반드시 축복이 있습니다.

고난은 재산입니다.
"목적이 이끄는 삶"의 저자인 릭 워렌 목사님은 그래서 고난에 대하여 이렇게 설명합니다.

"또한 워렌 목사는 하나님이 인간에게 고통을 허락하신 이유로 네가지를 들어 설명한다. 그 첫번째 이유는 하나님께서 인간에게 자유의지를 주셨기 때문이다. 하나님은 인간이 자발적으로 하나님 자신을 사랑하기 원하셨다. 자유의지는 축복일 뿐 아니라, 부담이기도 하다. 왜냐하면 때로 우리는 어리석은 선택들을 하기 때문이다. 그 어리석은 선택들은 우리 삶에 온갖 고통을 야기한다. 또한 하나님께서는 다른 사람들에게도 자유의지를 주셨다. 그래서 때로 다른 사람들이 옳은 것을 하지 않아서 당신이 무고한 희생자가 되기도 한다.

두번째는 고통을 사용하여 우리를 깨우치신다. 고통은 일종의 경고등, 부저, 알람이다. 또한 고통은 하나님께서 사용하시는 메가폰이다. 하나님께서 즐거움 속에서 우리에게 속삭여 말씀하시지만, 우리의 고통 속에서는 "정신차려! 뭔가 잘못되었어"라고 고함쳐 말씀하신다.

세번째는 고통을 통해 하나님을 의지하도록 가르치시기 위해서이다. 모든 것을 잃고, 가진 것은 하나님밖에 없게 될 때, 비로소 나에게 필요한 것은 하나님뿐이라는 사실을 알게 된다. 사실, 오직 고통을 통해서만 배울 수 있는 어떤 것이 있다. 고통은 우리가 어떤 것을 배우는 유일한 방법이다. 고통은 인생의 가장 위대한 스승이다"

우리 인생의 진정한 재산은 무엇입니까?
우리 인생의 진정한 스승은 무엇입니까?
물질입니까? 지식입니까? 명예입니까?
바로 고난입니다.

절망은 곧 희망입니다. 여호와 이레

창세기 12장에서 오늘 본문에서 하나님께서는 아브라함에게 아브라함이 100세에 얻은 어떻게 보면 생명과 같은 외아들 이삭을 모리아산에서 번제로 드리라고 요구하십니다.

아브라함의 심정이 어떠했을까요?

"여호와께서 가라사대 네 아들 네 사랑하는 독자 이삭을 데리고 모리아 땅으로 가서 내가 네게 지시하는 한 산 거기서 그를 번제로 드리라" (창 22:2)

억장이 무너졌을 것입니다. 생명과 같은 아들을 번제로 바치라는 하나님의 말씀은 그에게는 절대 절망 그 자체였을 것입니다.

그러나 오늘 본문이 우리에게 시사하는 매우 중요한 영적 진리 한가지는 결코 절망은 좌절이 아니라는 것입니다. 오늘 본문이 우리에게 시사하는 매우 중요한 영적 사실 한가지는 절망은 희망을 여는 새로운 단추요, 문이라는 사실입니다.

"아브라함이 눈을 들어 살펴본즉 한 수양이 뒤에 있는데 뿔이 수풀에 걸렸는지라 아브라함이 가서 그 수양을 가져다가 아들을 대신하여 번제로 드렸더라 아브라함이 그 땅 이름을 여호와이레라 하였으므로 오늘까지 사람들이 이르기를 여호와의 산에서 준비되리라 하더라" (창 22:13-14)

이 절대 절망에 있는 아브라함에게 하나님은 아들 이삭이 아닌 수풀에 걸린 수양을 준비하시고 계셨습니다. 아들 이삭을 바쳐야하는 이 절대절망의 아브라함에게 하나님은 인간의 방법과 지혜를 초월한 새로운 길을 이미 예비하고 준비하고 계셨던 것입니다.

인간의 방법과 지혜를 초월한 새로운 길을 이미 예비하고 준비하고 계신 하나님은 그 하나님의 이름이 여호와 이레 하나님입니다.

절망과 좌절로 하나님은 희망을 여십니다. 절망은 인간의 언어입니다. 절망은 인간의 단어입니다. 하나님은 우리의 삶을 이미 예비하고 준비하고 계십니다. 이것을 인정하지 못하고, 않는 것은 내 인생의 주권과 주도권, 통제권이 나에게 있다고 착각하는 우리의 어리석음 때문입니다.

베스트 셀러 "목적이 이끄는 삶"의 저자인 릭 워렌 목사의 새로운 저서인 "회복으로 가는 길"이라는 책에서 릭 워렌 목사님은 8가지 회복 원리를 밝히고 있다. 그 중에서 매주 중요한 회복의 원리 몇가지는 바로 이것입니다.

"내가 하나님이 아니라는 사실을 인식하라. 잘못을 저지르는 성향을 극복할 힘이 내게 없으며 내 삶을 스스로 통제할 수 없다는 것을 인정하라."

"나에게는 하나님이 계시고, 나는 하나님께 소중한 존재이며, 나를 회복시킬 능력이 하나님께 있다는 사실을 진심으로 믿으라"

바로 릭 워렌 목사님이 말씀하시는 회복의 핵심은 "내가 하나님이 아니다"라는 것을 인정하라는 것입니다.

내 삶의 주권과 주도권은 나에게 있지 않고 하나님에게 있습니다
이것이 여호와 이레 하나님의 의미입니다

아들 이삭을 바쳐야하는 이 절대절망의 아브라함에게 하나님은 인간의 방법과 지혜를 초월한 새로운 길을 이미 예비하고 준비하고 계셨던 것처럼 하

나님은 오늘도 절망에 있는 우리에게 "절망이 끝이 아니다" "절망은 새로운 길을 위한 디딤돌이다"라고 말씀 하십니다. 바로 그 하나님의 이름이 여호와 이레 하나님입니다.

절망과 좌절은 그것으로 끝이 아닙니다. 그 뒤에 분명히 하나님이 준비하시는 길이 있습니다.

절망과 좌절로 하나님은 희망을 여십니다.
절망은 인간의 언어입니다. 절망은 인간의 단어입니다.
그러나 하나님은 우리의 삶을 이미 예비하고 준비하고 계십니다.
이것을 인정하지 못하고, 않는 것은 릭 워렌 목사님이 지적한 것과 같이, 내 인생의 주권과 주도권, 통제권이 나에게 있다고 착각하는 우리의 어리석음 때문입니다.

상실과 고통의 창조력

위기를 뜻하는 히브리어 "마쉬버"는 고대에 산모가 출산할 때 앉았던 의자를 가리킵니다. 위기는 새생명을 탄생시키는 창조의 순간이라는 의미입니다.

상실에는 에너지가 있습니다. 그 에너지가 파괴적으로 작용할 수도 있고 창조적으로 작용할 수도 있습니다. 상실의 에너지가 파괴적으로 작용하면 견디기 힘든 상실감으로 슬픔에서 벗어나지 못하고 절망 가운데 인생을 파괴적으로 마감합니다. 그러나 상실의 에너지는 창조적으로 사용하면 상실감을 극복하고 인류에 많은 업적을 남겨 놓게 됩니다.

폴 투르니에는 "슬픔이 크면 클수록 슬픔이 생산하는 창조적 에너지도 커진다"라고 말하였습니다.

제네바의 피에르 렌취니크 박사는 「의학과 위생학」지에 "고아가 세계를 주도한다"라는 논문을 발표했습니다. 그는 세계사의 흐름에 지대한 영향을 끼친 정치가들의 전기를 읽기 시작했고, 얼마 지나지 않아 그들 모두가 고아였다는 놀라운 사실을 발견하였답니다.

헬라제국의 알렉산더 대왕, 로마의 줄리어스 시저 황제, 프랑스의 루이 14세 왕, 미국에서 건국의 아버지라고 불리 우는 조지 워싱턴, 세계 정복을 꿈꾸던 프랑스의 나폴레옹, 해상을 장악함으로 해가 지지 않는 나라가 되는 기초를 놓았던 영국의 빅토리아 여왕, 이스라엘 최초의 여성 총리가 되었던 골다 메이어, 2차 세계 대전을 일으켰던 독일의 히틀러, 공산주의를 태동케 하는데 결정적인 계기를 만들었던 소련의 레닌과 스탈린, 프랑스의 유명한 정치가 비스마르크 수상과 드골 장군 등, 300여 명의 인물들이 고아 출신이었다고 합니다.

공자는 한 살 때 아버지를 잃었고 루소는 태어난 지 얼마 안 되어, 데카르트는 한 살 때, 파스칼은 세 살 때 각기 어머니를 잃었다고 합니다.

창조적인 예술가들 가운데 고아의 비율이 높다고 합니다. 레오나르도 다 빈치는 사생아였고 바흐는 고아였습니다.

루소, 사르트르, 몰리에르, 라신, 스탕달, 보들레르, 카뮈, 조르주 상드, 키플링, 에드가 엘런 포우, 단테, 알렉상드르 뒤마, 톨스토이, 볼테르, 바이런, 도스토예프스키, 발자크 등도 모두 고아였답니다. 이들은 상실의 아픔을 예술로 승화시켰습니다.

자신도 고아로 살았던 폴 투르니에는 '상실과 고통을 넘어'에서 '고통에 대한 경험은 생을 살아가는 데 놀라운 창조력을 계발해 준다'라고 말하고 있습니다[25].

르네상스는 창조성의 황금기였지만 이 시기는 역사상 가장 불길하고 무서운 위기였다고 합니다. 르네상스는 터키족, 페스트, 무장한 패거리들의 약탈, 마녀 사냥, 잔인한 종교 전쟁의 위협이 있던 시기였고 카톨릭과 개신교 신자들 모두가 묵시적 종말이 임박했다고 믿었던 공포의 시기였다고 합니다.

그런데 그 시기에 창조적 에너지가 줄기차게 방출되었습니다. 마찬가지로, 그리스 사상의 최고 전성기였던 소크라테스, 플라톤, 아리스토텔레스 시대도 아테네의 전성기가 아니라 아테네가 펠로폰네소스 전쟁에서 비참하게 패하여 운명의 종말을 고한 이후였다고 합니다.

예레미야가 등장한 시기도 예루살렘을 파괴하려는 외세의 침략이 임박할 무렵이었고 이사야 선지자의 노래가 나온 것은 메소포타미아에서 절망적인 포로 생활을 하고 있을 때였으며, 에스겔이 마른 뼈가 다시 살아나리라고 외친 것도 그 때였습니다. 예수님 역시 가장 가혹한 정권기에 태어나 십자가의 수난의 길을 걸음으로 인류에게 가장 위대한 창조물, 구원을 선물하였습니다.

폴 투르니에는 "고통은 그 자체로는 결코 이로운 것이 아니다. 중요한 것은 시련

---

25) 김필곤의 글중 인용

앞에서 어떻게 반응하는가 이다"라고 **말하고 있습니다.** "슬픔이 크면 클수록 슬픔이 생산하는 창조적 에너지도 커진다"는 그의 말처럼 상실을 창조적 에너지로 바꾸면, 상실이 크면 클수록 더욱 위대한 창조물은 산출될 것입니다.

아이작 뉴턴은 유복자로 태어났습니다. 그가 겨우 말을 배우려고 할 때 어머니는 다른 남자와 재혼했습니다. 그는 상실의 아픔이 있었지만 사과나무 아래 혼자 앉아 박사를 꿈꾸었습니다. 천신만고 끝에 열망하던 대학에 들어가 학업을 마치고 박사학위 과정에 들어가려고 할 때 흑사병이 창궐하여 지역의 모든 대학이 문을 닫았습니다.

그는 낙담한 채 고향에 내려가 사과나무 아래 앉았습니다. 그때 사과 한 개가 '툭' 떨어졌고 그 사건이 인류 과학사의 흐름을 바꿔 놓았습니다. 상실은 새로운 기회입니다. 잃어버리지 않으면 소중함도 모르며, 화려한 꽃은 바람에 흔들리고 빗물에 젖으며 만개합니다.

가장 절망적일 때 가장 큰 희망이 옵니다

유명한 강철의 왕 카네기의 사무실 한가운데 벽에는 낡은 커다란 그림 하나가 그의 일생동안 걸려 있었다고 합니다.

이 그림은 유명한 화가의 그림이거나 골동품의 가치가 있는 그림은 아니었습니다. 그림 내용은 커다란 나룻배 하나와 배를 젓는 노가 썰물 때에 밀려서 모래 사장에 아무렇게나 던져져 있는 것으로, 무척 절망스럽고 처절하게까지 보이는 그림이었다는 것입니다.

그런데, 그 그림 밑에는 "반드시 밀물 때가 온다" 라는 글귀가 씌어 있었다고 합니다. 어느 사람이 카네기에게 어째서 이 그림을 그렇게 사랑하느냐고 물었더니 그의 대답은 다음과 같았습니다.

그가 청년 시절에 세일즈맨으로 이 집 저 집을 방문하며 물건을 팔았는데, 어느 노인댁에서 이 그림을 보았다는 것입니다. 그에게는 이 그림이 썩 인상적이었고, 특히 "반드시 밀물 때가 온다" 라는 글귀는 오랫동안 그의 뇌리에서 잊혀지지 않았습니다.

그래서 28세 되던 해에 기어코 그 노인을 찾아가 용기를 내어 청했습니다. 할아버지께서 세상을 떠나실 때에는 이 그림을 자기에게 줄 수 없겠느냐고 부탁을 드린 것입니다.

노인은 그의 청을 들어 주었습니다. 카네기는 이 그림을 일생동안 소중하게 보관했고 "반드시 밀물 때가 온다" 라는 말을 그의 생활 신조로 삼았다는 것입니다.

도서출판 이레에서 출판된 책 제목중 이런 책 제목이 있습니다.

"가장 절망적일 때 가장 큰 희망이 온다"라는 책입니다.

이 세상에서 가장 칠흙같이 어두울 때가 언제입니까?
이 세상에서 가장 칠흙같이 어두운 때는 바로 새벽의 미명, 새벽의 동이 트기 바로 전입니다.

태양의 빛이 발현되기 시작하기 바로 직전인 바로 그때가 이 세상에서 가장 칠흙같은 어두움의 시간인 것을 아십니까?

오스왈드 챔버스는 이렇게 말합니다. "하나님께서 당신을 어두움 가운데 있게 하실 때는 근신하고 입을 다물라… 그때는 귀기울여 들을 때이다. 그러면 후에 빛 가운데 있게 될 때 누구에겐가 들려줄 수 있는 보배로운 메시지를 하나님께서 말씀해주실 것이다."

"하나님은 당신 편이다. "그럴지도 모른다"도 아니다. "한때 그랬었다"도 아니다. "여태 그랬다"도 아니다. "앞으로 그럴 것이다"도 아니다. 하나님은 지금 계신다! 오늘, 이 시간, 이 순간, 당신이 이 문장을 읽는 이 순간, 그분은 당신과 함께 계신다. 그분은 지금 이 순간보다 당신께 더 가까우실 수 없다. 그분의 신실함은 당신이 잘한다고 커지는 것도 아니요 당신이 못한다고 줄어드는 것도 아니다. 그분은 '당신 편'이시다.

하나님은 '당신 편'이시다. 멀리 결승선을 내다 보라.하나님이 당신의 경주를 응원하고 계신다. 하나님이 당신의 걸음걸음에 박수를 보내고 계신다. 관람석에서 당신의 이름을 외치고 계신 그분의 음성을 들어보라. 너무 지쳐 계속 뛰기 힘든가? 그분이 붙들어주실 것이다. 너무 낙심돼 싸우기 어려운가? 그분이 일으켜 세워주실 것이다. 하나님은 '당신 편'이시다.

하나님은 '당신 편'이시다. 그분께 달력이 있다면 당신의 생일에 동그라미가 쳐져 있을 것이다. 그분이 차를 운전한다면 범퍼에 당신의 이름이 붙어 있을 것이다. 천국에 나무가 있다면 나무 껍질에 당신의 이름을 새기셨을 것이다. 우리는 그분께 문신이 있음을 안다. 문신의 글귀도 안다. "내가 너를 내 손바닥에 새겼다"(사 49:16).

미래가 막막하거든 당신을 돌보는 목자 '여호와 라아'께 가라. 공급이 불안하거든 필요를 채우시는 주님 '여호와 이레'께 아뢰라. 문제가 너무 큰가? 평안이신 주님 '여호와 살롬'의 도움을 구하라. 몸이 아픈가? 마음이 약한가? 당신을 치유하시는 주님 '여호와 라파'가 곧 당신을 맡으실 것이다. 적진에 갇혀 오도가도 못하게 된 군인 신세 같은가? 승리의 깃발 되신 주님 '여호와 닛시'께 피하라" (주와 같이 길 가는 것 / 맥스 루카도)

홍해의 법칙을 기억하십시요

로버트 모건는 "홍해의 법칙"이라는 책에서 절망가운데 역사하시는 하나님의 방식을 우리에게 자세히 설명해줍니다

홍해의 제 1법칙 하나님께서 길을 여십니다.
홍해의 제 2법칙 하나님은 당시과 늘 함께 하십니다.
홍해의 제 3법칙 하나님과의 관계 회복이 가장 중요합니다.
홍해의 제 4법칙 나보다는 하나님의 영광을 먼저 생각하십시오.
홍해의 제 5법칙 사단에게 민감에게 반응하되 두 눈은 주님을
　　　　　　　　주시하십시오.
홍해의 제 6법칙 항상 기도하십시오.
홍해의 제 7법칙 문제 가운데서도 믿음으로 잠잠히 하나님의 역사를
　　　　　　　　기다리십시오.
홍해의 제 8법칙 확신이 없더라도 믿음으로 한걸음 내딛으십시오.
홍해의 제 9법칙 하나님의 영광과 임재는 온 땅에 충만합니다.
홍해의 제10법칙 하나님은 주님만의 독특한 방법으로 구원하실 것입니다.
홍해의 제11법칙 현재의 위기는 믿음 성장의 주춧돌입니다.
홍해의 제12법칙 찬양하는 것을 잊지 마십시오.

미래가 막막하거든 당신을 돌보는 목자 '여호와 라아'께 가라. 공급이 불안하거든 필요를 채우시는 주님 '여호와 이레'께 아뢰라. 문제가 너무 큰가? 평안이신 주님 '여호와 살롬'의 도움을 구하라. 몸이 아픈가? 마음이 약한가? 당신을 치유하시는 주님 '여호와 라파'가 곧 당신을 맡으실 것이다. 적진에 갇혀 오도가도 못하게 된 군인 신세 같은가? 승리의 깃발 되신 주님 '여호와 닛시'께 피하라" (주와 같이 길 가는 것 / 맥스 루카도)

"옷을 입으면 추위를 막듯이
인내심으로 불의를 막을 수 있다.
추울수록 옷을 껴입으면
추위가 당신을 해칠 힘을 잃는다.
마찬가지로 큰 불의를 만날수록 인내심을 길러야 하며
그럴 때 어떤 불의도 그대 마음을 괴롭힐 수 없다"
(레오나르도 다빈치)

| 5장 | 자비하라

· 자비(친절)는 세상을 천국으로 만듭니다

· 무관심은 재앙입니다

· 자비가 없는 곳에 파리가 모이는 것입니다

· 친절이 세상을 천국으로 만들며 친절이 경쟁력입니다

· 친절은 황금률이다

· 친절은 성숙의 척도입니다

· 손님은 천사다

· 미소는 당신의 얼굴에 피는 가장 아름다운 꽃이다

· 칭찬은 고래도 춤추게 한다

"내가 여호와께서

우리에게 베푸신 모든 자비와

그의 찬송을 말하며

그의 사랑을 따라

그의 많은 자비를 따라

이스라엘 집에 베푸신

큰 은총을 말하리라"

(사 63:7)

5장 자비하라

엘리위즐이라고 하는 사람이 유명한 말을 남겼습니다.

"사랑의 반대는 증오가 아니라 무관심입니다. 교육의 반대는 무지가 아니라
무관심입니다. 아름다움의 반대는 추함이 아니라 무관심입니다.
삶의 반대는 죽음이 아니라 삶과 죽음 모두에 대한 무관심입니다."

자비(친절)는 세상을 천국으로 만듭니다

선진국인 일본 사람들은 친절하기로 유명합니다. 친절하게 웃으면서 외국
인들의 질문에 답을 해주고 길을 묻는 질문에도 친절히 알려줍니다. 서양
사람들도 마찬가지입니다. 엘리베이터에 우연히 동승을 하게되면 외국인들은
서슴치 않고 먼저 인사를 하고 웃음을 지어줍니다.

최근에 홍콩을 방문한 일이 있습니다. 주관적인 느낌으로는 공산주의 국
가인 중국령인 홍콩 사람들도 상당히 불친절하다는 생각을 지울 길이 없었
습니다.

그러나 후진국인 몽골 사람들을 보면 얼굴의 안색이 딱딱하고 우락부락하
며 거칠다는 느낌을 받습니다. 마찬가지로 최악의 폐쇄국가인 북한 주민들
의 걸어다니는 영상을 봐도 그들의 안색이 딱딱하고 우락부락하며 거칠다는
느낌을 받습니다.

후진국일수록 얼굴에 미소가 없고 불친절하다는 느낌이 드는 것은 당연할

것입니다.

자비란 넓은 마음입니다. 자비는 친절, 겸손입니다.

"너희는 모든 악독과 노함과 분냄과 떠드는 것과 비방하는 것을 모든 악의와 함께 버리고
서로 친절하게 하며 불쌍히 여기며 서로 용서하기를
하나님이 그리스도 안에서 너희를 용서하심과 같이 하라" (엡 4:31~32)

우리가 다른 사람들에게 친절하게 대해준다는 것은 무엇을 말하는 것입니까? 그것은 상냥함을 말하며 그것은 온화함으로 이웃을 대하는 것을 말합니다.

친절의 헬라어는 친절이 어떠한 모습으로 나타나야 하는지를 알려주는 아주 의미 심장한 뜻을 가지고 있습니다. 친절은 헬라어로 크래스토스인데 그 뜻은 고용되다입니다. 그 어원은 빌리다. 대출금을 받다입니다.

친절은 우리가 많은 돈을 빌리든지 어떤 사람을 주인으로 모시고 그 밑에서 고용되어 일하는 자가 나타내는 성품입니다. 우리가 빚쟁이에게는 꼼짝도 못하지 않습니까? 우리는 우리를 고용한 사장 앞에서도 꼼짝을 못합니다. 밥줄이 달려 있고 돈이 걸려 있기 때문입니다.

친절하게 한다는 것은 이렇게 일꾼이 자기를 고용한 사장에게 대하는 부드러운 태도를 말합니다.

러시아의 대문호 톨스토이는 친절에 관하여 이렇게 말했다. "친절은 세상을 아름답게 한다. 모든 비난을 해결한다. 얽힌 것을 풀어헤치고, 곤란한 일을 수월하게 하고,

암담한 것을 즐거움으로 바꾼다"

카네기는 이런 말을 했습니다. "조그마한 친절이, 한 마디 사랑의 말이 저 위의 하늘나라처럼 이 땅을 즐거운 곳으로 만든다." 우리가 사는 세상은 긴장하지 않고는 살 수 없는 곳입니다. 도처에 암초가 널려져 있습니다. 그러기에 늘 피곤하고 지칠 수 밖에 없습니다.

하지만 나에 대해 민감하게 생각해주는 사람이 곁에 있을 때 버틸 수 있는 힘이 생기는 것입니다. 친절은 이 땅에 살되 하늘 나라의 기쁨을 맛보게 해주는 것입니다.

누가복음 10장 25~37절을 보면 강도 만난 한 사람의 이야기가 나옵니다. 우리는 이 이야기를 비유로 알고 있지만 성서학자들은 실화를 근거로 예수님께서 이야기하셨다는 강력한 논증도 있는 이야기입니다.

예수님이 만들어낸 이야기를 하시는 것이 아니라 한때 유대 나라 사람들의 입에 오르내렸던, 실제로 있었던 어떤 이야기를 들고 나오셨기 때문이 아닌가 합니다. 혹 그것이 아니라면 사람들의 은밀한 사생활까지 환히 들여다보시는 예수님께서, 지금 질문을 던진 율법사를 위시하여 그 자리에 서있는 상당수의 사람들이 언젠가 저질렀던 일을 끄집어내서 이야기를 하는 것이라고 생각합니다.

무관심은 재앙입니다

눅 10장 25~37절 오늘 본문에 강도만난 사람을 제사장과 레위인은 무관심하게 지나쳤습니다.

민수기 19장 13절에 의하면 "누구든지 죽은 사람의 시체를 만지고 자신을 정결하게 하지 아니하는 자는 여호와의 성막을 더럽힘이라 그가 이스라엘에서 끊어질 것은 정결하게 하는 물을 그에게 뿌리지 아니하므로 깨끗하게 되지 못하고 그 부정함이 그대로 있음이니라"라고 말합니다.

즉, 제사장과 레위인은 그냥 강도 만난 사람을 무자비하게 지나친 것이 아니라, 율법에 근거하여 강도만난 사람이 죽었다고 생각하여, 시체를 만지면 부정해진다는 율법에 따라 지나친 것일 수도 있습니다.

자비(친절)의 반대는 무관심입니다. 그러나 선한 사마리아인은 구체적으로 친절하게 긍휼과 자비로 강도만난 사람을 불쌍히 여기고 기름과 포도주를 그 상처에 붓고 자기 짐승에 태워 주막으로 데려다가 20만원 정도의 치료비를 지불하였고 추가 치료비까지 약속하였습니다.

제사장과 레위인에게서 볼 수 있는 가장 무서운 악이 무엇인지 아십니까? 무관심입니다. 어찌 죽어 가는 사람을 보고 그냥 지나갈 수 있습니까? 아무리 보는 사람이 없고 아무리 으슥한 곳이라고 할지라도, 강아지 새끼라도 죽어 가는 것을 보면 측은해서 뭔가 좀 도와주고 싶을 텐데, 사람이 죽어 가는데 어떻게 그대로 지나갈 수 있습니까?26)

놀랍게도 냉담한 가슴에서 나오는 이런 무관심이 오늘날 많은 사람의 마음을 지배하고 있습니다. 자기만 아는 냉혹한 이기주의가 오늘날 우리를 사

---

26) 이하 옥한흠 글중 인용

로잡고 있어서 자기 자신이나 가족, 사랑하는 사람 외에는 관심이 없습니다. 우리는 이 세대가 점점 무서운 무관심의 노예가 되어가고 있는 것을 봅니다. 이 무관심이 제사장의 마음에 있었고 레위인의 마음에 있었습니다. 그러므로 그들은 사랑을 베풀 수가 없었습니다.

프랑스의 유명한 설교가인 오베르랑 씨는 자기의 체험을 소개했습니다. 그는 젊었을 때 등산을 좋아했다고 합니다. 그런데 그가 눈과 얼음에 덮인 아르자스 산에 올라갔다가 계곡으로 굴러 떨어진 일이 있었습니다. 의식을 회복하고 보니 어떤 농부가 자기를 오막살이로 데려다가 상처를 치료해주고 살려 준 것이었습니다.

감격한 오베르랑은 "당신의 이름은 무엇입니까? 주소를 알려 주시면 반드시 사례하겠습니다"라고 말했다고 합니다. 그러자 농부는 웃으며 "선한 사마리아 사람의 이름과 주소를 아십니까?"라고 하였다고 합니다.

인종 차별이 심했던 때의 이야기이다. 한 미국 신사가 자기 집 정원 앞에서 맥주를 마시며 서 있었다. 이 때 남루하고 몹시 피곤해 보이는 한 인디안이 지나가다가 그 신사에게 빵을 좀 달라고 애걸했다.

신사는 "너에게 줄 빵이 없다"고 말했다. "그렇다면 지금 당신이 마시는 맥주라도 한 잔" 주십사고 부탁했고 역시 거절당했다. 몹시도 배고프고 갈증이 난 인디안은 마지막으로 물 한 모금이라도 달라고 사정했지만 미국 신사는 "너처럼 개 같은 인디안에게 줄 물은 없다"고 잘라 말했다.

인디안은 슬픈 얼굴로 돌아갔다. 얼마 후에 그 신사가 사냥을 나갔다가 깊은 산중에서 사냥개를 놓쳐 그만 길을 잃었다. 방향 감각도 없이 산 속에

서 헤매는데 날이 어두워지기 시작했다. 그는 배고프고 목말라 죽을 지경에
까지 이르렀다.

마침 그 때 그곳을 지나가던 인디안은 그의 딱한 사정을 보고 당장 구출
해서 자기 집으로 안내하여 후히 대접했다. 그 신사가 정신을 차리고 나서
가만히 보니 자기를 구출한 인디안이 바로 얼마전 자기가 박대했던 그 인디
안이었다.

너무 어이없고 부끄러워서 어쩔 줄 몰라하는 신사에게 인디안이 조용히
말했다고 한다. "당신이 얼마전에 나에게 한 것처럼 내가 당신을 대했다면
지금쯤 당신은 산중에서 죽었을 것입니다".

성경에 이삭의 아내 리브가는 성공인자인 친절이 몸에 밴 여인입니다. 낯
모르는 아브라함의 종에게만 아니라 낙타에게까지 물을 먹이는 친절한 여인
입니다(창 24:18). 낙타는 위(胃)에 물을 저장해 두는 덕에 한번 물을 마시
면 양이 엄청납니다. 여행 끝에 지친 열 마리 낙타들(10절)이 배불리 마실
만큼 우물에 몇 십번을 왕래했을 것입니다

엘리위즐이라고 하는 사람이 유명한 말을 남겼습니다.
"사랑의 반대는 증오가 아니라 무관심입니다. 교육의 반대는 무지가 아니라 무관심입니
다. 아름다움의 반대는 추함이 아니라 무관심입니다. 삶의 반대는 죽음이 아니라 삶과
죽음 모두에 대한 무관심입니다."

우리의 자화상이 제사장이나 레위인과 거의 비슷하게 닮았다면 "하나님,
나의 무관심을 용서해 주옵소서." 하는 회개의 기도를 해야 합니다. 우리는
"내 몸과 같이 사랑하라"고 하는 그 말씀을 명령으로 받고 사는 하나님의

자녀입니다. 그럼에도 불구하고 문을 딱 닫아걸고 바깥에서 무슨 일이 일어나든, 옆집에서 살인사건이 일어나든, 불이 나든, 나하고는 관계가 없다며 벽을 쌓아 놓고 나만 아는 이기주의에 빠져 있는 이 무관심, 하나님 앞에서 회개해야 합니다.

이름도 주소도 모르는 선한 사마리안과 같은 친절과 자비는 이 세상을 아름답게 만듭니다. 친절과 자비가 없고 냉정과 무자비가 횡횡하는 세상에 산다면 그 곳이 바로 지옥일 것입니다.

친절만이 이 세상을 천국으로 만드는 것입니다.

> "조그마한 친절이, 한 마디 사랑의 말이 저 위의 하늘나라처럼
> 이 땅을 즐거운 곳으로 만든다." (카네기)

아브라함 헷셀이라고 하는 성경학자가 구약에 있는 선지서들을 연구한 다음 참 의미 있는 말을 했습니다.

"하나님의 감동으로 움직였던 히브리 예언자들이 남긴 위대한 공헌이 하나 있는데, 그것은 무관심의 죄를 선포하는 것이었다. 인간이 인간에 대해 가지는 무관심에 하나님은 분노하고 계시다는 것을 외친 사람들이 선지자들이다."

그는 이어서 이런 결론을 내렸습니다.
"그러므로 하나님의 뜻은 이러한 무관심을 종식시키는 것이다."

그의 말을 염두에 두고 구약 성경을 가만히 살펴보면 옳은 말이라고 생각됩니다. 하나님이 뭐라고 하셨습니까? "나는 너희들의 제사는 받지 않겠다.

너희들 손에 묻은 피부터 씻으라. 나는 너희들이 저울추를 속여 가며 거짓 말하면서 장사하여 떼돈 벌어 가지고 와서 나에게 제사 지내고 헌물 바치고 십일조 바치는 것, 원치 않는다. 너희들 손에 있는 더러운 죄를 씻으라. 만약에 씻지 아니하면 너희들 두 손을 들고 기도해도 내가 기도를 듣지 않겠다."고 하셨습니다. 피 묻은 손이 무엇입니까? 이웃을 해친 손이 아닙니까? 거짓말한 손과 남의 것을 착취한 손은 또 무엇입니까? 사랑을 베풀지 않고 자기만 아는 사람으로 생활을 했다는 말입니다. 그럼에도 불구하고 하나님 앞에 나와서는 거룩한 제물을 드리는 것, 하나님은 이런 것을 싫어하신다는 말씀입니다.

마태복음 9장 13절을 보면 하나님이 이런 말씀을 하셨습니다. "너희는 가서 내가 긍휼을 원하고 제사를 원치 아니하노라 하신 뜻이 무엇인지 배우라." 하나님은 긍휼을 원하지 제사를 원치 않는다는 것입니다. 긍휼이 무엇입니까?

이웃에 대한 관심과 불쌍히 여기는 마음, 희생을 베푸는 사랑이 긍휼입니다. 그런 일을 실제로 하지 않으면서 교회에 나와서는 거룩한 체하고 예배 보지 말라는 말입니다. 왜냐하면 하나님은 긍휼을 모르는 사람의 제사는 받지 않으시기 때문입니다. 제사가 무엇입니까? 하나님께 드리는 모든 의식 아닙니까? 요즈음 말로 하면 우리가 위선적으로 드리는 그런 예배를 받지 않으신다는 것입니다.

자비가 없는 곳에 파리가 모이는 것입니다

마귀를 뜻하는 바알세불은 바알세붑의 헬라어식 이름입니다. 바알세붑은 구약시대에 에그론이라는 고대 블레셋 도시에서 숭배된 이방 신으로 "파리 대왕"을 뜻합니다.

파리는 어느 곳에 모입니까? 바로 더럽고 추한 똥이나 썩은 시체에 모이는 것이 파리입니다. 이것이 마귀의 본성임을 예수께서는 바알세불이라는 명칭으로 마귀를 지칭하면서 설명하신 것입니다.

여느 개인의 잘못에 용서하지 않고 자비를 베풀지 않는 것은 마귀적 행위입니다. 파리가 바로 더럽고 추한 똥이나 썩은 시체에 모이는 것과 같은 것처럼 여느 개인의 잘못과 실수를 용납하지 않고 비난하고 힐난하는 것은 파리 대왕인 마귀적 행위임을 우리는 기억해야 합니다.

요셉은 다윗 자손의 신앙심 깊은 가문의 의로운 사람이었습니다. 요셉의 아버지는 신앙의 조상 요셉의 깊은 믿음과 착한 심성을 닮으라고 아들의 이름도 요셉으로 지었다. 요셉은 실제로 살아오면서 율법을 잘 지켜왔다. 요셉은 또한 사려 깊은 사람이었다. 그래서 요셉은 자신의 약혼자의 문제를 곰곰이 생각하며 어떻게든 좋게 해결하려는 마음을 갖고 있었다.

요셉이 나사렛에 살고 있는 마리아와 약혼을 한 것은 반년 전이었다. 마리아의 가문도 신앙심이 깊은 집안이었다. 유대인의 관습에 따르면 약혼은 결혼과 동등한 법적 효력을 갖고 있으며 약혼기간은 대략 일년이었다.

만약 약혼기간 중에 부정이 드러나면 간음으로 취급하여 여자를 돌로 쳐죽였다. 그러니까 율법에 따르면 마리아는 죽음을 당해야 하는 것이다. 혼인 날만을 기다리고 있는 요셉에게 약혼자가 임신 중이라는 사실은 그야말로 충격이 아닐 수 없었다. 요셉은 화가 났지만 마리아가 죽기를 바라지는 않았다.

그래서 신앙인 요셉 위대함은 조용히 이 문제를 덮으려고 하는 것이었습니다.

여느 개인의 잘못과 실수를 용납하지 않고 비난하고 힐난하는 것은 파리 대왕인 마귀적 행위임을 우리는 기억해야 합니다.

친절이 세상을 천국으로 만들며 친절이 경쟁력입니다

이름도 주소도 모르는 선한 사마리안과 같은 친절과 자비는 이 세상을 아름답게 만듭니다. 친절과 자비가 없고 냉정과 무자비가 횡횡하는 세상에 산다면 그 곳이 바로 지옥일 것입니다.

친절만이 이 세상을 천국으로 만드는 것입니다.

어떤 글을 읽다 보니까 "돈은 서비스 제공의 댓가"이다 라는 말이 있습니다. 즉 돈은 우리가 서비스를 제공하는 댓가로, 친절을 제공하는 댓가로 받게 된다는 것입니다.

"친절한 언어와 좋은 행동은 결코 무효가 되는 일이 없다" (영국 저술가 에이버리)

"친절한 말은 짧지만 그 메아리는 오래간다" (마더 테레사)

삼성전자는 제품 만족도도 뛰어나지만 사후 서비스에서 다른 전자회사를 압도합니다. 삼성전자의 AS와 서비스는 정말 고객 만족을 넘어서 고객 감동, 고객 절도의 수준까지 서비스 마인드와 친절이 탁월합니다.

이러한 삼성전자의 친절 서비스와 AS에 감동하여 삼성전자에 대한 신뢰도가 더욱 더 높아진 것입니다.

친절은 결코 배신하는 일이 없습니다. 친절은 반드시 보답을 합니다.

21세기북스의 책 중에 김성오라는 분이 쓴 "육일약국 갑시다"라는 책이 있습니다. 육일약국 갑시다의 저자는 김성오는 우리나라에서 가장 작은 4.5평의 약국을 마산의 랜드마크로 만들어낸 의지의 사나이입니다.
.

6백만 원의 빚으로 시작한 약국에서 시가총액 1조원 기업체의 공동 CEO가 되기까지. 자신만의 독특한 경영철학으로 무일푼 성공 신화를 이루어낸 그가, 매출 200배 성장의 비밀을 담았다.

4.5평의 약국을 랜드마크로 만들기 위해, 3년 동안 택시만 타면 '육일약국 갑시다'를 외친 그. 모두가 불가능하다고 얘기했지만, 집념과 열정 하나로 대한민국에서 가장 작은 육일약국을 마산에서 가장 유명한 약국으로 만들어냈다.

손님 개개인의 이름을 외우고 길을 묻는 사람에게 직접 안내에 나선 그의 행동은, '이윤 보다 사람을 남기는 장사를 하라'는 신념에서 나온 것이다. 이런 '섬김의 비즈니스'를 통해 매출 200배 성장은 물론, 경남권 최대의 기업형 약국을 만들어 낼 수 있었다.

약국을 거쳐 청소기 제조업체 그리고 대한민국 최고의 교육 사이트인 메가스터디 엠베스트를 만들어 낸 김성오 대표의 인생 이력서. 그는 이 책을 통해 '희망이 실현되는 우리의 삶' 자체가 바로 기적이라는 메시지를 전하고 있다.

"육일약국 갑시다"의 저자 김성오는 군대를 제대한 후, 그의 손에 쥐어진 것은 대학 졸업장뿐이었다. 6백만 원의 빚으로 시작한 대한민국에서 가장 작은 4.5평의 약국. 하지만 '단 하루를 살더라도 어제 같은 오늘을 살지 않겠다'는 굳은 의지로 매일 매일을 새롭게 바꿔 나갔다.

발전된 내일을 위해서 그가 택한 방법은 '비법 전수 받기'. 전국의 유명 약국을 찾아다니며, 그들의 성공 노하우를 배우고 '내 것'으로 만들어 내기 위해 노력한다. 이런 과정을 통해 2백여 가지의 주관적인 경쟁력을 갖출 수 있었다. 저자는 이 책을 통해 '어제와 다른 오늘을 살겠다'는 의지야 말로, 성공을 위한 필수 조건이라고 얘기하고 있다.

4.5평의 약국마저 빚으로 시작해야 할 만큼 넉넉지 못한 상황이었다. 사회 초년병에, 약국 경영도 처음이었던 그. 아는 것이 부족하니 고객에게 나눠 줄 지식이 없었고, 가진 것이 없으니 물질적으로는 더욱 나눌 것이 없었다. 당시 그가 고객들에게 줄 수 있었던 것은 '친절과 정성'뿐.

이 과정을 통해 누구나 베풀 수 있는 정도의 친절, 즉 경쟁 업체가 베푸는 친절과 같은 양으로는 절대로 상대 를 감동시킬 수 없다는 사실을 깨닫는다. 상대방이 체감하지 못하는 정도의 친절은 친절이 아니라는 김성오 대표. '손님이 기대하는 것보다, 1.5배 이상 친절'해야 하는 이유가 바로 여기에 있다.

이 책을 보면, 이 분이 마산에 육일약국이라는 약국을 개업하면서 얼마나 많은 친절을 베풀었는지, 친절의 참모습을 보여줍니다

이 분은 한 사람 한 사람 만족시키기 위해 모든 노력을 다 한다.
손님 개개인의 이름을 다 외우고, 길을 묻는 사람에게 직접 안내를 한다. 민망해진 사람들은 어떻게 해서든지 신세를 갚으려 하고 그 사실을 주변 사람에게 얘기할 수 밖에 없다.

약국 앞을 지나가는 할머니들이 보이면 나는 문을 열고 나가 인사를 건넸다. 그런데 오랜 시간 어시장에서 일하신 분들에게는 아무리 씻어도 벗겨낼 수 없는 바다의 짠내가 배어있다.

장사를 끝내고 돌아오는 오후에는 생선의 비린내까지 겹쳐 더욱 심했다. 그런 사실을 누구보다 잘 아는 어르신들은 약국 안으로 들어오기를 꺼려했다. 때문에 내가 뛰어나가 손을 잡고 안부를 물은 것이다.

"아이고, 박사님 손 더럽심더."
"더럽긴요! 할매요. 글고, 지는 박사 아니라, 약삽니더. 박사 아니라예. 그런데 신경통은 좀 어떠신교?"

그럴 때면 어르신들은 내 손등을 쓰다듬으며 말씀하셨다.
"아이고, 약사님 같은 분이 박사를 해야지. 누가 박사를 하는교?"

형편이 어려워 대학원 문턱도 밟아보지 못한 나에게 그 분들은 서슴없이 박사라고 불러주셨다.

지위고하, 빈부격차를 막론하여, 사람을 가리지 않고 섬긴 나의 마음을 알아주신 것이다.

그는 사람들을 볼 때마다 "복을 주러 온 사람"이라고 생각했다. 특히 피하고 싶은 사람, 상대하기 싫은 사람일수록 친절하게 대했다.그 사람들은 이미 많은 곳에서 거부나 배척을 당했을 것이고 때문에 복을 주고 싶어도, 줄 수 있는 기회를 잡지 못했을 것이기 때문이다.

우리는 친절을 베풀 때에도 사람을 가려서 친절을 베푸는 경향이 있다. 영양가가 있는 사람에게는 잘 하지만 그렇지 않은 사람에게는 냉담하기 쉽다. 하지만 평소에 대접 못 받는 사람에게 잘 할 때 그들은 더욱 감동하고 감동한 사람들은 그 얘기를 주변에 많이 전파해 효과는 더 큰 법이다.

> 짜증은 방치의 산물이고, 쾌활은 노력과 훈련의 산물이다.
> 짜증은 누구나 낼 수 있지만 쾌활은 고수만이 낼 수 있다.

이스라엘 사람들의 지혜를 담은 탈무드에는 다음과 같은 구절이 있다. "똑똑하기 보다는 친절한 편이 낫다." 또한 탈무드에서는 '친절을 최고의 지혜'라는 구절이 있습니다

> "인간은 결국 홀로 설 수밖에 없는 존재이지만 친절은 넘어진 자를 일으켜 세운다"

> "친절한 태도로 사람에게 끼친 유쾌함은 이자까지 붙어서 되돌아오는 법이다"
> (아담 스미스)

> "친절이란 눈과 같다. 눈에 덮이는 모든 것이 아름다워지는 것처럼 친절도 그와 같다"
> (칼릴 지브란)

친절은 황금률이다

"그러므로 무엇이든지 남에게 대접을 받고자 하는 대로 너희도 남을 대접하라"(마태복음 7장 12절)라는 예수님의 말씀이 있습니다. 곧이어 예수님은 이 내용이 "율법과 선지자"의 가르침이라고 강조하심으로써 구약성경이 가르치는 핵심적인 내용이라고 말씀하셨습니다.

남이 바라는 대로 섬기고 사랑하는 것이 성경의 중심 계명이고, 율법의 다른 계명들은 이 계명에 대한 부연 설명이라고 해도 과언이 아니라는 것입니다.

예수님의 이 가르침은 '황금률'(the golden rule)이라는 별명으로 세간에 잘 알려져 있습니다.

이렇게 불리게 된 데는 약간의 전설 같은 이야기가 있습니다. 그 기원은 3세기 초, 로마 황제 알렉산더 세베루스(AD 222~235 제위)가 이 말씀을 귀중히 여겨 궁궐과 집무실에 황금으로 써서 벽에 붙인 데에서 기원하였다고 합니다.

정말 황금으로 기록해도 아깝지 않은 예수님의 명언이요, 기독교 윤리의 기초를 이루는 귀중한 말씀입니다. 기독교가 아닌 세상의 여러 경전에도 이와 비슷한 문구들이 많이 발견됩니다.

예를 들어, 공자는 '논어 위령공 편'에서 "내가 원하지 않는 바를 남에게 행하지 말라"(己所不欲勿施於人, 기소 불욕 물시어인)고 말했습니다.

예수님의 표현이 긍정적인 명령이라면 공자의 그것은 금지의 명령입니다. 이 말은 성경의 말씀에 필적한다고 하여 '은률'(the silver rule)이라고도 합니다.

우리가 친절과 사랑으로 심으면 친절과 사랑을 거둡니다. 그러나 불친절과 미움을 심으면 불친절과 미움을 거두게 되는 것입니다.

"스스로 속이지 말라 하나님은 업신여김을 받지 아니하시나니
사람이 무엇으로 심든지 그대로 거두리라 우리가 선을 행하되 낙심하지 말지니
포기하지 아니하면 때가 이르매 거두리라" (갈 6:7,9)

"네가 행한 대로 너도 받을 것인즉 네가 행한 것이 네 머리로 돌아갈 것이라"
(오바댜 1:15)

크리스토퍼힐 리더십 트레이닝(Christopherhill Leadership Training, CLT)에서 배우는 황금률로는 다음 9가지 원칙을 들 수 있다.

1) 진정으로 감사를 표하라
2) 칭찬하라
3) 남이 가진 선의를 찾으라
4) 따뜻한 충동에 따르라
5) 관용과 호의를 개발하라
6) 친절을 베풀라
7) 남의 짐을 덜어주어라
8) 즐거운 마음으로 행하라
9) 더 자주 미소지어라

친절은 성숙의 척도입니다

상담심리학자들이 "성숙한 사람의 특성"(Characteristics of Mature Person) 연구한 결과를 보면

성숙한 특징은 VIA(Values in Action)(Peterson & Seligman, 2004) 체계에 따라 분류하였다. 주요 결과는 다음과 같다. 성숙한 사람들의 성격 강점으로 친절, 개방성, 자기조절, 진정성, 용감, 사회적 지능 등이 빈도가 높았다. 성숙하게 변화된 내담자의 성격 강점으로는 진정성과 사회적 지능이 두드러지게 높은 빈도를 보였으며, 다음으로 자기조절, 인내, 친절 등이 빈도가 높았다.

"멀리 가려면 함께 가라"(도서출판 갤리온) 라는 책에서 저자는 성숙한 친절의 심오한 깊이를 보여 줍니다.

정재관 사장을 보면 자신의 노력만 있다면 한계를 벗어나 세상 누구와도 잘 지낼 수 있는 '마음 도둑'이 되기도 어렵지 않다는 것을 알게 된다.

젊었을 때, 수출 전선에 뛰어들어 굴지의 현대 종합 상사 사장, 부회장을 거쳐 은퇴 후에도 공모를 통해 코엑스 사장이 된 그는 지금 유니버설 스튜디오를 한국에 유치하는 회사의 사장이다.

함께 하는 모임 날짜를 의논하던 중 그가 제안한 날이 마침 어머니 생신과 겹쳤다. 그 날은 곤란하다고 하니, 예상치 못한 질문을 하신다. "생신잔치는 어디서 하시나요?" 한 호텔의 지하 중식당에서 할 예정이라고 말씀드렸다. 이왕이면 경치 좋은 곳이 어떠냐고 하시며 강남의 풍경이 한눈에 들어오는 곳을 추천하셨다.

듣고 보니 그곳이 더 좋은 것 같아 결국 장소를 변경했다. 예약까지 본인이 직접 해주시고 할인을 받도록 조처해주신 것은 그래도 이해가 간다. 나도 경우에 따라 그 정도는 할수 있으니까

그런데 예약된 방에 도착하니 테이블이 온통 카네이션으로 장식되어 있다. 어우러진 초 장식까지 더하여 젊은 연인들의 환상적인 이벤트 현장처럼 되어 있었다. 거기에 축하용 와인까지 미리 배달되어 있다.

이 날, 어머니에게는 더없는 선물이 된 것은 딸이 밖에 나가 일하는 동안 그래도 흉되지 않게 지내는 것을 확인시켜 주는 어른이 계시다는 것이었다.

눈물이 나도록 감사했다. 그런 확인은 돈으로 살수 없고, 누구에게 요청할수도 없는 것인데 바로 그것을 그 분이 주셨기 때문이다. 아버지와 세 살 차이 밖에 나지 않는 어른이 해주신 것이라서 그 신뢰도는 더 높았다.

정재관 사장은 유독 나만 특별히 신경써주는 것은 아니다. 내 주변에는 윗사람이나 영향력 있는 사람에게만 잘하는 이가 아직 꽤 많다. 그런데 내가 보아 온 그는 위아래가 없다. 3년간 그를 모셨던 비서실의 이 과장은 늘 그를 존경의 눈빛으로 대한다. 회사에 다니면서도 저녁에 MBA과정을 다니라며 자신의 성장을 독려해준 것은 그저 잠시의 따뜻한 응대를 훨씬 뛰어넘는 애정이란 걸 알기 때문이다. 그 대학원 친구들을 다 초대하여 "우리 이 과장, 나 때문에 학교 못 갈 때가 많으니 대리 출석 좀 잘 부탁해요" "나 때문에 시간이 없으니 리초트 대신 써 줄 사람?" 하는 유머로 좌중을 즐겁게 하던 상사는 이제, 평생의 상사로 남을 것이다.

그는 내가 주변에서 보았던 어떤 어른들보다 아래 사람들을 마음으로 챙기신다. 내가 어떤 분 때문에 3개월간 편두통에 시달릴 때 경락 마사지 하는 곳을 소개해 주셔서 함께 다니게 되었다.

그런데 그곳의 직원들에게 시간을 내어 저녁을 사주신다. 자주 가지 못하는 나는 '큰 이해관계가 없는 이들에게도 그렇게 하는 거구나'하고 배운게 있기에 그후 아이스크림을 사가기도 하고, 내가 마지막 손님인 날에는 짜장면을 함께 먹고 떠나기도 한다.

그렇게 그를 닮아갈 기회를 주셨던거 같다.

어느 날은 팔꿈치가 아파 고통스러워 하는 것을 아시고는, 3년 동안 배우셨다는 부황 사혈로 내 사혈을 빼주신 적도 있다. 조심스럽고 애정이 담긴 그의 손길에 피를 묻힌 솜들이 그의 사무실 탁자 위에 쌓일 때 나는 고마운 마음에 눈물이 날뻔 했다.

나는 간신히 물었다. "이렇게 해주신 분이 또 누구세요" 하니
"닐 믿는 사람이요"하며 웃으신다.

그와의 점심 약속에 5분 늦는다고 양해 문자를 보내면 바로 답이 온다.
'저도 지금 가는 중입니다.' 나는 그가 이미 그 자리에 도착했지만, 상대를 배려해 그렇게 답하는 것임을 안다.

'괜찮아요' 라든가 '천천히 오세요'라는 답은 많아도 이건 좀 다르다.
아니, 많이 다르다. 그런데 이 모두는 누구의 억측처럼 아예 타고난 것도 아니고 얕은 수의 여우 짓도 아니다. 타인과 살아가는 내 삶을 더욱 풍성히 하려는 노력으로 이루어진 것들이다.

관계와 사람이 소중하다는 전제가 없으면 결코 안 되는 것들이다.
부모가 떠났을 때 자식이 '부모를 멋있었다고 기억하고, 닮고 싶다고 생각하도록 살았다면 성공한 인생'이라고 말하는 그,

그보다 한참 후배인 나는 예순이 넘어서 그의 나이가 되었을 때, 조금이라도 그를 닮게 된다면 참 좋겠다. 나는 오늘도 미리 그를 닮아가며 어느 분의 문자에 답을 한다. '저

도 지금 가는 중입니다'

손님은 천사다

일요신문 기사중 수원대 교수인 이주향 교수의 글입니다

"손님이 신이다! 얼마 전 우리 학교에 와서 특강을 한 고은 시인의 말이다. 그는 손님을 조상처럼 섬긴 전통에서 배워야 한다고 말했다. 손님이 신이다! 확실히 시인의 명제다. 정신이 번쩍 났다.

생각해 보니 손님으로 온 환웅으로 인해 웅녀는 인간이 됐고, 호랑이는 그렇지 못했다. 역사적으로는 환웅족과 곰족의 결합이고, 호랑이족의 배척일 수 있겠으나 인간학적으로는 의미가 다르겠다. 창세기를 들여다봐도 아브라함은 손님접대를 하고 이삭을 얻는다. 그의 조카 롯은 손님접대를 하고 재앙의 도시 소돔과 고모라를 떠날 수 있었다. 필레몬과 바우키스는 손님으로 온 제우스를 접대하고 대홍수에서 살아남은 유일한 인간 부부가 된다.

손님이 신이다. 모든 신은 이방에서 온다. 새로운 것은 이방에서 오고, 새로운 것이 올 때 우리는 몸살을 앓는다. 혼돈을 겪는 것이다. 새로운 것의 도래는 언제나 익숙한 것의 상실과 맞물려 있으므로"

> "형제 사랑하기를 계속하고 손님 대접하기를 잊지 말라
> 이로써 부지중에 천사들을 대접한 이들이 있었느니라" (히 13:2)

만나는 사람들에 대한 생각도 중요하다. 출문여견대빈 (出門如見大賓, 명심보감 준례 편에 나오는 말)란 말을 기억하면 좋다. 밖을 나서는 순간 마주치는 모든 사람을 큰 손님 섬기듯 하라는 말이다. 이 마음만 지니고 있으면 결례를 저지를 일은 없다. 그렇다면 누가 큰 손님일까? 높은 자리에 있는 사람, 돈이 많은 사람만이 아니다. 지금 보잘것없는 자리에 있는 사람, 내게

큰 도움을 줄 것 같지 않은 사람, 지금까지 나를 도와준 적이 없는 사람은 당장은 작아 보일지 모른다. 하지만 미래는 장담할 수 없다. 오히려 생각치 못한 이들로부터 도움을 받는 것이 우리 삶이다.[27)

미소는 당신의 얼굴에 피는 가장 아름다운 꽃이다

"마음의 즐거움은 얼굴을 빛나게 하여도
마음의 근심은 심령을 상하게 하느니라" (잠언15:13)

"미소 짓지 않으려면 가게 문을 열지 말라" (유대 속담)

당신의 미소는 당신의 얼굴에 피는 가장 아름다운 꽃입니다.
미소와 웃음은 행복의 증표요, 성공한 사람의 트레이드마크입니다.

"첫인상이 그 사람의 미래를 좌우한다. 첫인상이 경쟁력이다"는 말은 사람과의 만남에서 첫인상이 얼마나 중요한지를 나타내 주는 말이다. 그런데 첫인상은 정말 빨리 결정된다. "첫인상은 마지막 인상이다"라는 말도 있다. 첫인상은 3가지 특징이 있다. 첫인상은 첫째, 순간적이다. 개인은 3~6초안에 결정되고, 면접 때는 10초정도에 결정된다. 둘째, 첫인상은 변명 할 기회가 없다. 처음 만나서 왜 자신의 첫인상이 좋지 않은지 누가 설명할 수 있겠는가. 설명하면 오히려 나쁜 첫인상을 남기게 될 것이다. 셋째, 두 번 기회가 오지 않는다. 다시 만난다고 해도 첫인상은 지난 번 만남으로 이미 뇌 속에 각인되어 있기에 바꿀 수 없다[28).

---

27) 도서 "멀리가려면 함께가라"에서 인용
28) 이하 미인대칭 관계전도 김기현 글중 인용

인간은 언제부터 웃기 시작 할까요? 지금까지의 학설은 태어나서 처음에는 웃는 것이 아니라 베넷을 하다가 점점 많이 웃기 시작 50-60일이 될 때부터 하루 400번 웃기 시작한다고 했다. 그런데 연합뉴스. 2003.9.13판에 의하면 2003년 영국 런던의 한 건강관리 센터 산부인과 전문의 스튜어트 캠벨 교수는 3차원 및 4차원 스캐닝 기술을 통해 태아의 상세한 모습을 관찰할 수 있었다고 말했다. 이번 관찰에 따르면, 태아는 자궁 속에서 이미 웃음과 하품, 눈 깜박거림 등 다양한 표정을 짓고 있다는 주장했다.

이는 아기들이 출생 후 엄마로부터 웃음 등 표정을 배운다는 기존의 주장을 뒤집는 것이다. 하나님께서 우리 인간을 창조하실 때부터 우리의 좌 뇌에 웃음보를 만들어 주셨기에 태아 때부터 웃는 것은 당연한 것이다. 6세 정도 아이는 하루 300회 정도 웃어 어른들의 사랑을 독차지 한다.

하지만 성인이 되면서 점점 웃음을 잃어버려 하루 평균 14번 정도 웃는다고 한다. 결국 웃는 횟수가 점점 줄어든다는 것은 결국 죽음이 점점 가까워지고 있다는 이야기다.

이 통계도 미국인을 조사한 결과다. 한국인 중에는 심지어 하루에 한 번도 웃지 않고 지나가는 사람들이 많다. 당신은 하루 몇 번이나 웃고 있는가?

웃는 돼지 머리가 제사상에 올라가는 것입니다.
"거울은 절대 먼저 웃는 법이 없다"(송길원)
"웃음은 희망의 최후의 무기다"(하비콕스)
"웃는 얼굴은 화살도 피해 간다"(일본 속담)
"웃음을 잃지 않는 사람은 결코 꿈을 잃지 않는다."(김기현)

"미소는 만물의 영장인 사람만이 가지고 있는 특권적인 표현법이다. 이 귀한 하늘의 선물을 올바로 이용하는 것이 사람이다. 문지기에도, 심부름꾼에게도, 안내양에게도, 그밖에 누구에게나 이 미소를 지음으로써 손해나는 법은 절대로 없다. 미소는 일을 유쾌하게, 교제를 명랑하게, 가정을 밝게, 그리고 수명을 길게 해준다" (카네기)

칭찬은 고래도 춤추게 한다

〈허클 베리핀의 모험〉을 쓴 마크 트웨인은 "칭찬 한 마디면 두 달을 살수 있다"고 말했다. 칭찬은 관심이고 칭찬은 표현이다. 사랑도 표현하지 않으면 알 수가 없다. 당근과 채찍이 있다. 칭찬과 충고가 다 필요하다. 하지만 하나의 충고를 할 때는 다섯 개의 칭찬이 필요하다고 한다. 우리는 적절하게 칭찬하고 있는가?

"미인대칭 전도혁명"의 저자 김기현 박사는 아래와 같이 칭찬의 중요성을 역설합니다.[29]

칭찬하다 보면 정말 좋은 일이 일어납니다. 자녀가 바뀌기 시작합니다. 가정이 바뀝니다. 직장이 바뀝니다.

칭찬은 인류역사의 가장 오래된 스승이요, 가장 탁월한 교육 방법이다. 남녀노소, 동서고금을 막론하고 칭찬만큼 훌륭한 교육자가 없다. 그래서 칭찬은 가장 훌륭한 스승이다.

칭찬은 무더운 여름날에 내리는 한줄기의 소나기와 같다. 갈증 나고, 지친 삶에 청량제 역할을 한다. 사실 인간은 누구나 칭찬받기를 간절히 원하고 있다. 인간은 본성 깊은 곳으로 들어가면 들어 갈수록 칭찬을 갈망한다. 그러면서도 다른 사람 칭찬하는 일에는

---

29) 이하 김기현 글중 인용

인색하다. 칭찬받으면 그렇게 좋아 하면서 왜 다른 사람을 칭찬하는 것은 그렇게 힘들어할까?

칭찬은 인간의 잠재력에 불을 붙이는 것이요. 펌프에 물을 넣어 펌프질을 하는 것이다. 칭찬은 펌프질을 하기 위해 꼭 필요한 한 바가지의 마중물과 같은 역할을 한다. 지하수가 수백만 톤이 저장되어 있어도 펌프에 한 바가지 물을 붓지 않으면 단 한 방울의 지하수도 뿜어 올릴 수 없다.

마찬가지로 어떤 사람에게 수백, 수천 가지의 장점이 있어도 칭찬이 없으면 전혀 그 장점을 활용할 수 없다. 그래서 칭찬은 사람의 능력을 개발 할 수 있는 가장 좋은 에너지다. 그렇다면 당신은 최근에 누구로부터 칭찬을 들었는가? 그리고 가장 최근에 누구를 칭찬해 주었는가?

어떤 사람에게 가정이나 직장에서 어떤 칭찬하게 되면 그 사람은 감동하게 된다. 특히 대한민국같이 자존감이 부족하여 칭찬이 인색한 나라의 국민은 더 칭찬에 굶주려 있다. 지금 대한민국 사람들은 배가 고픈 것이 아니다. 매우 칭찬 고파하고 있다. 그런데 그 칭찬 훈련이 안되어 반대로 서로를 비난하고 있다. 그러기에 지속적인 칭찬의 효과는 더욱 크게 나타난다.

  "장미꽃 든 손에는 장미향이 나듯이 칭찬하는 입에는 칭찬의 향기가 난다"(김기현)

  "칭찬은 인류역사의 가장 오래된 스승이요, 가장 탁월한 교육자이다.
  남녀노소, 동서고금을 막론하고 칭찬만큼 훌륭한 교육자는 없다"(김기현)

"단 하나의 친절한 행동은 사방으로 뿌리를 뻗는다 그리고
그 뿌리는 자라서 새로운 나무가 된다" (윌리엄 페이버)

"오늘 누군가에게 무심코 건넨 친절한 말 당신은 내일이면
잊어버릴지도 모른다. 하지만 그 말을 들은 사람은 일생 동안
그것을 소중하게 기억할 것이다" (데일 카네기)

| 6장 | 온유하라

"온유한 자를

정의로 지도하심이여

온유한 자에게

그의 도를 가르치시리로다"

(시 25:9)

6장 온유하라

온유하지 않은 리더가 가정에 들어가면 가정이 깨집니다. 온유하지 않은 리더가
공동체에 들어가면 공동체가 무너집니다. 온유하지 않은 리더가 교회에 들어가면
교회가 분열됩니다. 오직 하나님이 요구하는 능력과 실력은 온유입니다.
온유하면 하나님이 비로소 하나님은 그 사람을 사용하십니다.

하나님의 사람 사용의 제 1원칙, 온유

삼성그룹의 이건희 회장은 그의 '인재론'에 대하여 이렇게 설명한바 있습
니다.

"과거에는 10만명, 20만명이 군주와 왕족을 먹여 살렸지만 앞으로는 천재 한 사람이 10만
명, 20만명을 먹여 살리는 시대가 될 겁니다. 총칼이 아닌 사람의 머리로 싸우는 두뇌전쟁의
시대에는 결국 뛰어난 인재, 창조적 인재가 국가의 경쟁력을 좌우하게 됩니다"

일본 동경대의 '인재론'은 동경대학 1명의 졸업생이 10명의 사람의 몫과
역할을 감당할수 있는 인재를 만들어내는 것이 그 목표라고 합니다.

이처럼 사회에서는 능력을 요구합니다 실력을 요구합니다 취업이나 진급
에 있어서 사회는 능력있는 사람을 요구합니다. 즉, 사회는 훈련받은 사람을
요구합니다.

그러나 여러분 우리가 분명히 기억해야 할것은 하나님이 요구하는 능력은 오직 하나입니다. 그것은 온유입니다.

헬라어로 온유는 프라우스입니다 프라우스란 사나운 말에 재갈을 먹이듯 하나님과 성령께 그렇게 사나움과 혈기가 제어받은 사람입니다. 하나님의 훈련의 최종 목표는 온유입니다.

히브리어로 '온유'도 헬라어 개념과 비슷합니다.

무엇보다 한 개인이 온유할 때 비로소 그때부터 그는 리더로 세워집니다. 하나님의 리더는 능력과 실력을 요구되지 않습니다. 하나님의 리더는 오직 온유의 능력만이 요구됩니다.

비로소 우리가 온유할 때 그 사람의 가정의 리더, 교회의 리더, 하나님의 리더로 세워질수 있다 한 개인이 온유할 때 비로소 그때부터 그는 리더로 세워집니다.

온유하지 않은 리더가 가정에 들어가면 가정이 깨집니다. 온유하지 않은 리더가 공동체에 들어가면 공동체가 무너집니다. 온유하지 않은 리더가 교회에 들어가면 교회가 분열됩니다. 오직 하나님이 요구하는 능력과 실력은 온유입니다. 온유하면 하나님이 비로소 하나님은 그 사람을 사용하십니다.

이삭은 온유한 사람입니다. 자꾸 우물을 빼앗겼지만 다투지 않습니다. 내주고 또 내줍니다. 그런데 삽질 때마다 물이 나옵니다. 그랬더니 원주민 아비멜렉 왕이 찾아와서 좋은 조건으로 화친을 청합니다. 이삭은 온유함으로 좋은 것을 얻은 것입니다.

모든 일을 하나님의 주권에 맡기고 온유한 사람들은 하나님께서 함께 해 주시며 생계를 책임져 주십니다. 그러면 당연히 땅을 기업으로 누릴 수 있습니다. 바로 기름진 땅입니다.

온유한 자가 받는 것은 남의 것을 훔쳐 내는 것이 아닙니다. 가만히 있으면 하나님이 주시는 것입니다. 온유하면 처음에는 손해 보는 것 같습니다. 지는 것 같습니다. 그러나 결국에는 땅을 얻게 됩니다.

온유한 아내는 남편을 땅으로 얻습니다. 할렐루야! 온유한 남편은 아내를 땅으로 얻습니다. 온유한 부모는 자녀를 땅으로 얻습니다. 가족들이 온유하면 그 가정에는 행복을 땅으로 소유하게 됩니다. 기쁨과 만족을 땅으로 소유하게 됩니다. 심령의 자유를 땅으로 소유하게 됩니다.

특별히 여러분들을 비난하고 헐뜯는 이웃이 있습니까? 가족이 있습니까? 온유하십시오. 그러면 틀림없이 그 사람을 하나님이 땅으로 나에게 주실 것입니다.30)

"그러나 온유한 자들은 땅을 차지하며 풍성한 화평으로 즐거워하리로다" (시편 37:11)

9절, 22절, 29절, 34절을 보면 온유한 자는 하나님을 신뢰하는 사람입니다.

여러분 모세를 보십시오. 혈기 왕성하여 자신의 동족 히브리인을 괴롭히던 애굽인을 돌로 쳐죽일만큼 과격하고 거친 모세가 40년 광야 훈련을 통하여 철저히 온유한 사람으로 거듭났을때 하나님은 그를 비로소 수백만의 이

---

30) 이하 옥한흠 글중 인용

스라엘의 지도자로 세우십니다.

"이 사람 모세의 온유함이 지면의 모든 사람보다 승하더라" (민 12:3)

다윗의 온유함을 보십시오.

그는 자신을 끊임없이 죽이려 했던 사울왕을 죽일 수 있는 기회에서 하나님이 기름부은 자는 내가 함부로 손댈수 없다며 그를 해치지 않습니다.

그는 또한 자신의 정적인 사울 왕의 손자인 절름발이 므비보셋을 선대합니다. 심지어는 자신의 왕의 식탁에서 같이 밥을 먹게할만큼 그를 선대할만큼 그는 온유하였습니다.

성격이 급하고 혈기왕성하였던 베드로 역시 주님을 사랑하고 충성하는 마음에서 즉시 검을 빼어 대제사장의 종인 말고의 귀를 베어 버렸습니다.

"이에 시몬 베드로가 검을 가졌는데 이것을 빼어 대제사장의 종을 쳐서 오른편 귀를 베어버리니 그 종의 이름은 말고라" (요 18:10)

그러나 이 베드로가 얼마나 온유하여집니까? 그는 마지막 순교시 십자가에 거꾸로 매달려 순교할 정도로 하나님의 뜻에 순종하는 온유한 자가 됩니다.

특별히 우리는 우리의 믿음의 주이신 예수님의 온유를 본받아야 합니다.

"내가 붙드는, 나의 종, 내 마음에 기뻐하는 자 곧 내가 택한 사람을 보라 내가 나의 영을 그에게 주었은즉 그가 이방에 정의를 베풀리라 그는 외치지 아니하며 목소리를 높이지 아니하며 그 소리를 거리에 들리게 하지 아니하며 상한 갈대를 꺾지 아니하며 꺼져가는 등불을 끄지 아니하고 진실로 정의를 시행할 것이며

그는 쇠하지 아니하며 낙담하지 아니하고 세상에 정의를 세우기에 이르리니
섬들이 그 교훈을 앙망하리라"(사 42:1~4)

"욕을 당하시되 맞대어 욕하지 아니하시고 고난을 당하시되 위협하지 아니하시고
오직 공의로 심판하시는 이에게 부탁하시며"(벧전 2:23)

"온유한 자는 복이 있나니 그들이 땅을 기업으로 받을 것임이요" (마 5:5)

"오직 온유한 자는 땅을 차지하며 풍부한 화평으로 즐기리로다" (시 37:11)

"온유한 자를 공의로 지도하심이여 온유한 자에게 그 도를 가르치시리로다" (시편 25:9)

예수님은 말씀합니다. '온유한 자는 복이 있나니 저희가 땅을 기업으로 받을 것임이요.' 당신은 온유한 남편입니까? 당신은 성령의 손에 빚어지고 있는 온유한 아내입니까? 행복을 논하기 전에 자기 자신의 성격부터 먼저 따지십시오. 온유하면 주님이 기업으로 땅을 주신다고 했습니다. 총, 칼을 가지고 땅을 빼앗는다는 말이 아니고, 유업으로 받을 것이라고 말합니다.[31]

이 말에 주의하십시오. 유업을 받는 것입니다. 유산을 받는 것입니다. 싸울 필요도 없고, 빼앗을 필요도 없습니다. 가만히 있으면 손 안으로 들어오게 되어 있는 것이 유산입니다. 온유한 자가 받는 것은 남의 것을 훔쳐 내는 것이 아닙니다. 가만히 있으면 하나님이 주시는 것입니다. 온유하면 처음에는 손해 보는 것 같습니다. 지는 것 같습니다. 그러나 결국에는 땅을 얻게 됩니다.

온유한 아내는 남편을 땅으로 얻습니다. 할렐루야! 온유한 남편은 아내를

---

31) 이하 옥한흠 글중 인용

땅으로 얻습니다. 온유한 부모는 자녀를 땅으로 얻습니다. 가족들이 온유하면 그 가정에는 행복을 땅으로 소유하게 됩니다. 기쁨과 만족을 땅으로 소유하게 됩니다. 심령의 자유를 땅으로 소유하게 됩니다. 특별히 여러분들을 비난하고 헐뜯는 이웃이 있습니까? 가족이 있습니까? 온유하십시오. 그러면 틀림없이 그 사람을 하나님이 땅으로 나에게 주실 것입니다.

어떤 상황에서든지 자기 자신을 위해서는 화를 내지 마십시오. 다른 사람의 유익을 위해서 예수님처럼 화를 내십시오. 악에 대하여는 화를 내십시오. 용기가 필요할 때는 누구보다도 우리는 강자로서 악과 대결해야 합니다. 이 사람이 온유한 자입니다.

잠언 16장 32절은 이렇게 말씀합니다. '노하기를 더디 하는 자는 용사보다 낫고 자기의 마음을 다스리는 자는 성을 빼앗는 자보다 나으니라.' 누가 용사보다 강합니까? 마음을 다스릴 줄 아는 온유한 자입니다. 누가 성을 정복하는 군사보다 강합니까? 성령의 통제를 받으면서 화를 낼 때와 내지 아니할 때를 분명히 알고 자기의 감정을 균형 있게 유지하는 사람이 가장 강한 자라는 것입니다. 우리 모두가 이와 같은 온유한 자가 되기를 바랍니다. 그래서 하나님이 주시는 땅을 소유하는 가장 멋진 아름다운 생을 우리 모두가 살 수 있기를 바랍니다.

온유의 본보기, 욥

우리가 온유한지 아니한지를 어떻게, 무엇으로 알 수 있습니까? 먼저 하나님 앞에서의 나의 마음자세를 놓고 따져볼 수 있습니다. 하나님 앞에서 내가 어떻게 처신을 하는 사람인가를 보면 온유한 자인지 아닌지를 분별할

수 있습니다. 하나님을 향해서 우리는 욥처럼 처신해야 합니다.[32]

욥처럼 처신하면 온유한 자입니다. 우리가 잘 아는 바와 같이 욥은 동방의 최고 부자였습니다. 그렇게 많은 재산, 10남매나 되는 자랑스러운 자녀들, 천하에서 가장 미인이라고 하는 아내, 어느 것 하나 부러울 것이 없을 정도로 생의 모든 쾌락을 만족시킬 만한 조건들을 다 충족시키면서 살던 욥이지만 하루아침에 알거지가 되었습니다.

이것은 우리에게 대단히 중요한 교훈을 주는 것입니다. 주식으로 떼돈을 벌었습니까? 하루아침에 다 날아갈 수 있습니다. 내가 쥐고 있는 재산, 내가 자랑하는 자녀, 자랑하지 마십시오. 하루아침에 다 없어질 수 있습니다.

욥이 바로 그런 경험을 했습니다. 다 없어지고 몸에 병까지 들어 가려움을 견디지 못하고 기와조각으로 온 몸에 피가 흐르도록 긁어야 하는 너무나 불쌍한 사람이 되어 버렸어요. 하루아침에 그렇게 될 수 있다는 것입니다.

힘이 없어서 온유한 채 하는 것은 유약함일 뿐입니다. 그런 경우는 감동이 없습니다. '어린 애가 온유하다.'고 하면 별 감동이 없습니다. 그러나 '다윗이 온유하다.'고 하면 그것은 굉장히 진한 감동이 오는 것입니다. 온유는 힘과 많이 연관되어 있습니다.

즉, 힘이 없어서 온유한 채 하는 것은 유약함일 뿐입니다. 진정한 온유는 강력한 힘의 절제로부터 오는 것입니다.

---

32) 이하 옥한흠 글중 인용

자아가 죽어야 영이 열립니다

오히려 외부적인 어려움은 우리의 믿음을 더욱 강하고 견고하게 만들어줍니다. 우리 믿음의 적은 외부에 있는 것이 아니라 안에 있는 바로 내 자아입니다.

"자아가 죽어야 영이 열립니다"
"육체가 죽어야 영이 열리는 것입니다"
"자아가 죽어야 비로써 그때로부터 영적 열매가 맺혀진다"

그래서 주님께서 요한복음 12장 24-25절에서 다음과 같이 말씀하십니다.

"내가 진실로 진실로 너희에게 이르노니 한 알이 밀알이 땅에 떨어져 죽지 아니하면 한알
그대로 있고 죽으면 많은 열매를 맺느니라 자기 생명을 사랑하는 자는 잃어버릴 것이요
이 세상에서 자기 생명을 미워하는 자는 영생하도록 보존하리라" (요12:24-25)

여기서 한 알의 밀알은 바로 우리 자아를 말합니다. 우리 자아가 죽으면 수많은 영적 열매를 맺게 된다는 놀라운 사실입니다 우리 자아가 죽으면 수많은 영적 생명들이 산출되어 진다는 사실입니다.

"하나님의 모든 계획에는 십자가의 흔적이 있다.
그 분의 모든 계획에는 자아에 대한 죽음이 포함된다"(이엠 바운즈)

"All God's plans have the mark of the cross on them,
and all His plans have death to self in them"(E.M Bounds)

정원 목사님의 글중에도 이런 글이 있습니다

"자기변명의 거절이 영혼을 성장 시킵니다. 오해받을 때, 변명하지 말아야 합니다. 이것은 영혼의 중대한 기로입니다. 비난받을 때, 변명하는 사람은 육이 굳어지며 강퍅해집니다. 영혼은 망가져 버리고 맙니다.

비난받을 때, 침묵하고 시인하며 반성하는 사람은 비록 고통스럽기는 하지만 육이 죽고 영이 열리며 주님과의 새로운 친교에 들어가게 됩니다.

비난을 받아들이는 것은 자기를 죽이는 것이고, 너무나 고통스럽기 때문에 대부분의 사람들은 자기를 방어하며 비난하는 사람을 공격합니다. 그러나 그것이 쉽지 않더라도 사람들은 비난을 받아들임으로써 자신의 생명, 자신의 자아를 넘어선 더 깊은 생명을 얻게 되는 것입니다.

비난받음은 이유가 있든 없든, 우리가 성장할 수 있는 놀라운 기회입니다. 우리가 주님을 따르기 원한다면, 우리가 주님의 종이라면 주님께서 짊어지신 오해와 비난의 십자가를 나 몰라라 팽개칠 수 있을까요?

너무나도 많은 영혼들이 사소한 비난 속에 그렇게도 억울해 하고 그렇게도 변호하며 자신의 영혼을 침륜에 빠뜨리는 것을 봅니다. 자기 자신은 남을 너무도 쉽게 비난하면서요.

남을 비난하는 사람은 남의 비난을 견디지 못하며, 자기를 치는 사람은 남을 치지 않습니다. 십자가의 주님을 사랑한다면 우리는 비난을 사랑해야 합니다. 더 깊은 기도를 위하여 더 깊은 주님과의 하나 됨을 위하여 자기변호를 거절하십시오"

　　정원 목사님의 말처럼 비난받을 때, 침묵하고 시인하며 반성하는 사람은 비록 고통스럽기는 하지만 육이 죽고 영이 열리며 주님과의 새로운 친교에 들어가게 됩니다.

　　비난과 비판받을 때 변명하려고 공격하려고 하지 마십시오 공격을 포기하십시오. 우리의 영혼이 비난과 비판으로 인하여 상처가 생겨날 때 그곳에 새로운 영의 살이 오르게 됩니다. 육이 죽고 영이 열리며 주님과의 새로운 친교에 들어가게 됩니다. 새로운 영의 굳은 살이 오르며 주님과의 깊은 친교에 들어가게 됩니다.

비난받을 때 영혼의 상처를 그대로 침묵하고 시인하고 반성하며 그대로 받아들이십시오. 어처구니없고 터무니없는 비난과 비판이라도 그대로 받아들이십시오. 변명이나 공격으로 자신을 보호하려고 하지 마십시오.

비난과 비판만큼 힘든 것은 없습니다.
그러나 비난받음은 그리고 변명과 공격을 피함은 우리의 영이 열릴 놀라운 축복된 기회입니다 비난과 비판으로 인하여 우리의 영이 열립니다. 주님과의 새로운 친교에 들어갑니다. 비난과 비판에 상대방을 공격할 생각을 포기할 때 새로운 영이 세계가 열리는 것입니다.

포기하면 얻습니다

창세기 13장을 보십시오.

"아브람의 일행 롯도 양과 소와 장막이 있으므로 그 땅이 그들의 동거함을 용납지 못하였으니 곧 그들의 소유가 많아서 동거할 수 없었음이라 그러므로 아브람의 가축의 목자와 롯의 가축의 목자가 서로 다투고 또 가나안 사람과 브리스 사람도 그 땅에 거하였는지라 아브람이 롯에게 이르되 우리는 한 골육이라 나나 너나 내 목자나 네 목자나 서로 다투게 말자

네 앞에 온 땅이 있지 아니하냐 나를 떠나라 네가 좌하면 나는 우하고 네가 우하면 나는 좌하리라 이에 롯이 눈을 들어 요단 들을 바라본즉 소알까지 온 땅에 물이 넉넉하니

여호와께서 소돔과 고모라를 멸하시기 전이었는고로
여호와의 동산 같고 애굽 땅과 같았더라

그러므로 롯이 요단 온 들을 택하고 동으로 옮기니 그들이 서로 떠난지라
아브람은 가나안 땅에 거하였고 롯은 평지 성읍들에 머무르며 그 장막을 옮겨 소돔까지
이르렀더라 소돔 사람은 악하여 여호와 앞에 큰 죄인이었더라
롯이 아브람을 떠난 후에 여호와께서 아브람에게 이르시되 너는 눈을 들어 너 있는 곳에서
동서남북을 바라보라 보이는 땅을 내가 너와 네 자손에게 주리니 영원히 이르리라

내가 네 자손으로 땅의 티끌 같게 하리니 사람이 땅의 티끌을 능히 셀 수 있을찐대
네 자손도 세리라 너는 일어나 그 땅을 종과 횡으로 행하여 보라 내가 그것을 네게 주리라
이에 아브람이 장막을 옮겨 헤브론에 있는 마므레 상수리 수풀에 이르러 거하며 거기서
여호와를 위하여 단을 쌓았더라" (창 13:5-18)

아브라함은 자신의 주장과 권리를 롯에게 양보하고 포기합니다.
그가 포기했을 때 하나님은 오히려 더 큰 영적 축복을 주셨다는 사실을 우리는 알아야 합니다.

"롯이 아브람을 떠난 후에 여호와께서 아브람에게 이르시되 너는 눈을 들어 너 있는 곳에서
동서남북을 바라보라 보이는 땅을 내가 너와 네 자손에게 주리니 영원히 이르리라"

(창 13:14-15)

삶의 모든 나에게 주어지는 온갖 비난과 고통과 절망 속에서도 변명과 공격하기를 포기하십시오 포기할 때 새로운 영적 세계와 영적 축복이 열리고 시작됩니다.

포기하면 얻습니다.

내려놓음

서울대학교 동양사학과 학부와 대학원을 졸업하고 도미 유학, 하버드대학교(Harvard University)에서 '중동 지역학 및 역사학'으로 박사학위를 받았다. 학위를 수여하자마자 안락한 미래의 보장과 인간의 기대를 전부 내려놓고 가족 모두가 몽골 선교사로 헌신, 미국 보스턴 케임브리지 연합 장로교회로부터 평신도 선교사로 파송 받아 한국의 오병이어선교회가 몽골 울란바토르에 설립한 '이레교회'를 담임목회하고 있는 이용규 선교사

하버드대를 나온 30대의 젊은 학자가 안락한 삶의 기회를 거부하고 모든 기득권을 하나님 앞에 '내려놓은' 뒤 가족과 함께 몽골에서 선교활동을 펼치는 이야기입니다.33)

유학 중 코스타(KOSTA) 집회에서 선교사로 헌신했으며 2005년부터는 전 세계 어디든 마다 않고 강사로 섬기면서 '내려놓음과 하나님의 음성을 듣는 것'에 대해 강의하고 있다. 그는 유학생과 청년들 앞에 설 때마다 시종일관 "인생의 모든 편안의 기득권을 내려놓고 하늘로부터 채워지는 평안의 진정한 특권을 깨닫고 누릴 것"을 말하고 "내려놓음의 결심과 실행만이 진정한 행복을 택하는 크리스천의 덕목인 것"을 온몸으로 증거하고 있습니다.

모든 것을 내려놓고 하나님이 지시하시는 대로 가기도 하고 멈추기도 한다는 뜻에서 '천국 노마드(유목민)'의 삶을 지향하는 그에게, 실크로드를 중심으로 펼쳐지는 말세지말의 도도한 복음 전파의 흐름은 그의 영적 관심사이자 향후 헌신을 지속하고자 하는 주요 선교 영역이기도 합니다.

---

33) 이하 도서 "내려놓음" 소개 글중 인용

그 책 "내려놓음"과 그의 내려놓음의 사역에 대하여 소개하는 한 글이 있습니다.

"너는 내려놓으라, 내가 채워주리라!" 당신이 내려놓으면 그때부터 하나님이 움직이신다.

"너의 길을 여호와께 맡기라 저를 의지하면 저가 이루시고"(시 37:5).
바로 이 순간, 당신이 내려놓을 시간이다!

세상 진리는 우리가 내려놓으면 모두 빼앗긴다고 유혹하지만
하늘 진리는 우리가 내려놓을 때 온전한 우리 것이 된다고 약속한다.

우리 인생에는 '분명한 내 것'처럼 보이지만 남김없이 내려놓아야 할 것이 있다. 힘겹게 쌓아올린 명예, 꼭 움켜쥔 재물, 미래의 불안과 생명의 위험까지 하나님 앞에 온전히 내려놓을 때 진정한 쉼과 참된 평안을 체험할 수 있다!

하버드 명예도, 미래의 보장도, 가족의 안전도, 심지어 헌신의 열매까지도 "너는 그저 내려놓으라"는 하나님 말씀에 겸손히 순종함으로, 하나님의 풍성한 인도하심 따라 '천국 노마드'의 삶을 누리는 몽골의 이용규 선교사!

우리는 그를 통해 크리스천의 제일 덕목이 되는 '내려놓음'의 진수(眞髓)를 맛본다.

이제는 나의 발걸음을 멈추고 전능한 하나님이 일하실 순간!
당신이 내려놓을 시간이다.

우리 주님을 보십시오.
그 분은 모든 것을 포기하고 오셨습니다.

> "그는 근본 하나님의 본체시나 하나님과 동등됨을 취할 것으로
> 여기지 아니하시고 오히려 자기를 비어 종의 형체를 가져 사람들과
> 같이 되었고 사람의 모양으로 나타나셨으매 자기를 낮추시고 죽기까지 복종하셨으니
> 곧 십자가에 죽으심이라" (빌 2:6-8)

우리 주님이 하나님 되심을 포기하셨을 때 그리고 죽기까지 복종하시며 십자가에서 모든 권리를 포기하셨을 때 하나님께서 주님을 높이신 것을 기억하십시오.

> "이러므로 하나님이 그를 지극히 높여 모든 이름 위에 뛰어난 이름을 주사
> 하늘에 있는 자들과 땅에 있는 자들과 땅 아래 있는 자들로 모든 무릎을 예수의 이름에
> 꿇게 하시고 모든 입으로 예수 그리스도를 주라 시인하여 하나님 아버지께
> 영광을 돌리게 하셨느니라" (빌 2:9-11)

"나는 어른이 돼서도 하나님이 '저 위 어딘가에' 아니면 '바깥 어딘가에' 있다고 생각해왔다. 그 전지전능하신 분과 교감하려고 분투했다. 그러면서 좌절과 분노를 느낀 적도 많았다. 불가능하게 느껴졌기 때문이다. 오랫동안 나는 하나님과의 연결 고리를 전혀 찾지못했다.

물론 자라면서 하나님이 우리 모두의 마음속에 존재한다는 것이나 예수님이 하나님의 나라는 우리 마음속에 있다고 말한 것도 배웠다. 그러나 머리로만 이해했을 뿐이었다. 그러던 어느 날 나는 하나님에 관한 실험을 하고 있었다는 것을 깨달았다.
이것을 깨달았을 때는 나의 첫 번째 결혼 생활이 파경을 맞은 직후로, 그 때 나는 산다는 것이 끔찍하게 싫었고, 잠 못 이루는 밤의 연속이었다.

고통과 외로움으로 우울한 나날을 보내고 있던 나는 하나님께 기도했지만 진정으로 그분을 믿고 있지는 않았다. 하나님을 향한 기도는 오히려 나를 짓눌렀고 내게 어떤 해답이나 마음의 안정도 가져다 주지 않았다.

그렇게 밑바닥에 떨어진 후에야 비로소 나는 하나님이 내 안에 존재한다는 것을 깨달았다. 그제야 하나님에게 다가가기 위해 구름과 산 위로 손을 뻗칠 필요가 없다는 것을 알게 된 것이다. 하나님은 이미 내 안에 들어와 계셨고, 그 분은 내가 인생을 한 조각씩 맞춰나갈 수 있도록 나를 도와 주고 있었다.

하나님은 이미 우리 모두의 마음속에 존재하기 때문에 우리는 그저 그분의 사랑을 온몸으로 느끼기만 하면 되는 것이었다.

우리가 해야 할 일은 믿는 것뿐이다. 오직 그것뿐이다. 그러니 하나님을 믿고 또 믿어라" (행복한 삶을 사는 10가지 작은 원칙, 아서 칼리안드로.배리 렌슨)

손해보며 삽시다. 손해는 크리스챤의 생활 양식입니다

손해는 크리스챤의 생활양식입니다.
예수께서는 마태복음 5장에서

"눈은 눈으로, 이는 이로 갚아라' 하고 말한 것을 너희는 들었다. 그러나 나는 너희에게 말한다. 악한 사람에게 맞서지 말아라. 누가 네 오른쪽 뺨을 치거든, 왼쪽 뺨마저 돌려 대어라. 너를 걸어 고소하여 네 속옷을 가지려는 사람에게는, 겉옷까지도 내주어라. 누가 너더러 억지로 오 리를 가자고 하거든, 십 리를 같이 가 주어라. 네게 달라는 사람에게는 주고, 네게 꾸려고 하는 사람을 물리치지 말아라"라고 말씀하십니다

기독교는 적극적으로 불의에 항거하고, 세력을 규합해서 대항하고 싸우는

것이 아닙니다.34)

기독교의 저항은 아주 소극적인 측면이며, 적극적인 측면은 '인내'이다.

초대교회 때부터 시작된 박해에 그들은 세력을 형성하여 반대자들과 싸우지 않았고, 때로는 침묵하고 항상 인내하며, 자발적으로 화형대와 사자굴로 향했다.

위그노들이나 청교도들, 그리고 조선 말기와 일제 강점기하에 교회가 엄청나게 성장해 국내 제1의 세력으로 규모가 커졌음에도, 우리에게 복음을 전해준 선교사님들과 교회 지도자들은 교회가 연합하여 항일운동에 뛰어드는 것을 결코 허락하지 않았다.

복음을 가진 교회는 그런 식으로 자신의 힘을 가지고 상대와 대적하는 것이 아니기 때문이다. 힘이 없어서가 아니라, 복음을 가지고 참된 인내를 보여준 것이다.

주님께서 힘이 없으셔서 고난 당하셨겠는가?

칼빈은 "하나님의 복음이 사람들을 무장시켜 난동과 폭동을 일으킨다는 비난을 받는 것보다 우리 모두가 멸절되는 것이 나을 것입니다. 왜냐하면 하나님은 언제나 그의 종들의 재를 뿌려 열매를 맺기를 원하시기 때문입니다. 그러나 월권과 폭력은 오직 황폐함을 초래하고 말것입니다"라고 말했고, 루터도 다르지 않았다.

---

34) 이하 김성욱 크리스찬북뉴스 명예편집위원 글중 인용

이것을 사소한 생활에 적용해 보자. 조금만 불합리하고 손해를 받는 일이 생겼을 때 즉각적으로 합리적 조치를 해달라고 요구하는 일들이 얼마나 비일비재한가?

아마 어떤 사람이 손해보지 않기 위해 기업에 컴플레인을 요구할 때, 그가 기독교인인 걸 안다면 상담하는 사람과 요구하는 당사자가 서로 놀랄지도 모르겠다.

억울한 누명을 쓰고, 다만 진리를 지키겠다는 일념으로 모든 박해와 손해를 기꺼이 감당했던 신앙선배님들의 모습은 천연기념물이 된지 오래다.

20세기의 토저 목사님이 그 시대 사람들의 특징을 '참을 수 없을 만큼 가벼움'이라 하셨는데, 지금은 오죽하겠는가?

1920년에 김인서 장로가 독립운동을 하다가 감옥에 갇혔습니다. 감방에는 또 한 사람의 독립운동가가 있었는데, 바로 그 유명한 윤병구 선생입니다. 이 사람은 비폭력과 무저항주의에 대해서 비난하는 사람입니다. 그래서 김인서 장로를 만나게 되자, 대뜸 한마디 합니다.

"성경에 보면, 누구든지 네 오른뺨을 치면 왼뺨을 돌려대라 했는데, 그따위로 해가지고 어떻게 독립운동을 하겠소? 폭력을 쓰는 자는 폭력으로, 무력을 쓰는 자는 무력으로 대항해야 될 게 아니오?"

그 때에 김인서 장로가 이렇게 대답했습니다. "뺨을 치는 자에게 마주 대하여 치는 것은 혈기의 용맹이요, 소인의 용맹이요, 필부의 용기일 뿐입니다. 또, 한 사람밖에 대적할 수가 없습니다. 그러나 오른뺨을 치는 자에게 왼뺨을 돌려대는 것은 거룩한 용기요, 만인을 감복하게 하는 대용(大勇)이요, 영적 용기입니다."

이 말을 듣고 감동해서 윤병구 선생은 기독교인이 되었습니다.

겸손하면 흥하고 교만하면 망합니다

어떤 사람이 성 어거스틴에게 찾아와서 물었습니다. "선생님, 기독교의 첫째 가는 덕목이 무엇입니까?" 그러자 어거스틴은 "첫째는 겸손"이라고 대답했습니다. "그러면 둘째는 무엇입니까?" 어거스틴은 "둘째도 겸손"이라고 대답했습니다. 그 사람은 또 물었습니다. "셋째는 무엇입니까?" 그러자 이번에도 역시 어거스틴은 "셋째도 역시 겸손"이라고 대답했다고 합니다.

하나님은 교만한 자를 대적하십니다.
교만은 마귀의 성품입니다. 마귀가 타락한 이유가 바로 교만 때문이었기 때문입니다.

"너 아침의 아들 계명성이여 어찌 그리 하늘에서 떨어졌으며 너 열국을 엎은 자여 어찌 그리 땅에 찍혔는고 네가 네 마음에 이르기를 내가 하늘에 올라 하나님의 뭇별 위에 나의 보좌를 높이리라 내가 북극 집회의 산 위에 좌정하리라 가장 높은 구름에 올라 지극히 높은 자와 비기리라 하도다 그러나 이제 네가 음부 곧 구덩이의 맨 밑에 빠치우리로다" (사 14:12-20)

교만하여 타락한 마귀 역시 하늘에서 떨어지고 땅에 찍히는 패망을 당하였습니다.

"교만은 패망의 선봉이요 거만한 마음은 넘어짐의 앞잡이니라" (잠 16:18)

교만하면 망합니다 교만하면 길이 없습니다 교만하면 죽습니다.

"그러므로 그의 재앙이 갑자기 내려 당장에 멸망하여 살릴 길이 없으리라" (잠 6:15)

다니엘서를 보면 당시 최고의 권력자였던 느부갓네살 왕은 교만으로 인하여 사람에게서 쫓겨나서 몸이 하늘 이슬에 젖고 머리털이 독수리 털과 같이 자랐고 손톱은 새 발톱과 같이 되었더라 들짐승과 함께 살면서 소처럼 풀을 먹게 됩니다.

"나 왕이 말하여 이르되 이 큰 바벨론은 내가 능력과 권세로 건설하여 나의 도성으로 삼고 이것으로 내 위엄의 영광을 나타낸 것이 아니냐 하였더니

이 말이 아직도 나 왕의 입에 있을 때에 하늘에서 소리가 내려 이르되 느부갓네살 왕아 네게 말하노니 나라의 왕위가 네게서 떠났느니라 네가 사람에게서 쫓겨나서 들짐승과 함께 살면서 소처럼 풀을 먹을 것이요

이와 같이 일곱 때를 지내서 지극히 높으신 이가 사람의 나라를 다스리시며 자기의 뜻대로 그것을 누구에게든지 주시는 줄을 알기까지 이르리라 하더라

바로 그 때에 이 일이 나 느부갓네살에게 응하므로 내가 사람에게 쫓겨나서 소처럼 풀을 먹으며 몸이 하늘 이슬에 젖고 머리털이 독수리 털과 같이 자랐고 손톱은 새 발톱과 같이 되었더라

기한이 차매 나 느부갓네살이 하늘을 우러러 보았더니 내 총명이 다시 내게로 돌아온지라 이에 내가 지극히 높으신 이에게 감사하며 영생하시는 이를 찬양하고 경배하였나니 그 권세는 영원한 권세요 그 나라는 대대에 이르리로다 땅의 모든 사람들을 없는 것 같이 여기시며 하늘의 군대에게든지 땅의 사람에게든지 그는 자기 뜻대로 행하시나니 그의 손을 금하든지 혹시 이르기를 네가 무엇을 하느냐고 할 자가 아무도 없도다

그 때에 내 총명이 내게로 돌아왔고 또 내 나라의 영광에 대하여도 내 위엄과 광명이
내게로 돌아왔고 또 나의 모사들과 관원들이 내게 찾아오니 내가 내 나라에서 다시 세움을
받고 또 지극한 위세가 내게 더하였느니라

그러므로 지금 나 느부갓네살은 하늘의 왕을 찬양하며 칭송하며 경배하노니 그의 일이 다
진실하고 그의 행하심이 의로우시므로 교만하게 행하는 자를 그가 능히 낮추심이라"

(단 4:30~37)

〈시사저널〉에서 국내의 최우수 경영자 CEO 10명을 선정해서 발표를 했
습니다. 금강고려화학, 현대모비스, 신세계, 롯데제과, 아시아시멘트, 한일시
멘트, 태평양, 에스원 등 10개 회사의 CEO들이 선정되었는데, 이 한국 최
고 경영자들의 공통점은 한결같이 겸손하다는 것입니다.

로버트 케네디의 인기가 한창 높았을 때입니다. 그의 기사가 라이프지에
크게 났습니다. 그때 그가 건강한 모습을 자랑하기 위해 스키장 눈 위에 웃
통을 벗고 누운 것을 사진찍었습니다.

그리고 기자들이 물었습니다. "자녀가 몇 명입니까?"
"열하나입니다"
"어떻게 그다지도 많은 아이들을 가지셨습니까?"

이 질문에 대한 로버트 케네디의 대답이 라이프 지에 기사로 실렸는데,
그것을 보고 섬찟한 기분을 느꼈습니다.

"나같이 우수한 종자는 후손을 많이 퍼뜨려야 합니다" 그는 이렇게 말했
던 것입니다.

여러분, 인간으로서 누가 감히 이러한 말을 할 수 있겠습니까 ? 교만한 사람입니다. 그따위 자랑을 하나님께서는 허락지 않으십니다. 로버트 케네디 의 최후를 보십시오.

그러한 기사가 실린 지 얼마 후 그는 유언 한마디 못 남기고 비명횡사를 당했습니다.

'벼는 익을수록 고개를 숙인다' 말이 있습니다. 이 말은 진리입니다. 우리 의 마음을 움직이고 감동을 주는 것은 바로 겸손입니다.

성 브라더 로렌즈 수도사는 싸움이 제일 많기로 소문난 수도원에 원장으 로 임명되었습니다.

그가 그 문제 많은 수도원의 문을 두드리자 젊은 수도사들이 몰려 나왔습 니다. 그들은 백발이 성성한 노 수도사가 서 있는 것을 보고는

"어서 식당에 가서 접시를 닦으시오" 하고 말했습니다.
처음 부임한 수도사가 그런 일을 하는 것이 전통인 모양이었습니다.

그는 "네! 그러겠습니다" 라고 대답하고는 곧장 식당으로 묵묵히 걸어 들 어갔습니다.

그는 한달, 두달, 석달, 계속해서 접시를 닦았습니다. 그런 그에게 엄청 난 멸시와 천대와 구박이 쏟아졌습니다.

석달이 지나서 감독이 순시차 수도원을 들렀습니다. 젊은 수도사들은 그

앞에서 쩔쩔맸습니다. 그런데 원장의 모습이 보이지 않자 감독이 물었습니다.

"원장님은 어디 가셨는가?"

"아직 부임하지 않았습니다"

그러자 감독이 깜짝 놀라며 말했습니다.
"아니, 그게 무슨 소린가! 내가 로렌즈 수도사를 3개월 전에 임명했는데!:

감독의 말에 젊은 수도사들이 아연실색했습니다.
그들은 그 즉시 식당으로 달려가 노 수도사 앞에 무릎을 꿇었습니다.

그의 겸손으로 그 후부터 그곳은 모범적인 수도원이 되었습니다.

겸손하면 은혜가 임합니다.

"하나님은 교만한 자를 대적하시고
겸손한 자에게 은혜를 주신다 하였느니라" (약 4:6)

은혜가 무엇입니까? 은혜는 선물입니다.
약한 자가 강하여지고 낮은 자가 높아지고 가난한 자가 부해지는 것이 은혜입니다.

말씀과 기도와 찬양하면 은혜가 임하는 것 뿐 아니라 겸손하면 은혜가 임합니다. 겸손이 얼마나 위대합니까?

그래서 성경은 "겸손과 여호와를 경외함의 보응은 재물과 영광과 생명이니라"(잠 22:4)이라고 말씀합니다

나는 늘 내 자신을 돌이켜 보면서 되새기는 말이 있습니다.
나는 겸손한가 하는 것입니다. 그래서 사실은 늘 겸손하려고 애씁니다.
늘 겸손하려고 애쓰고 다짐하고 마음에 새긴곤 합니다.

여러분! 겸손에는 말의 겸손만 있는 것이 아닙니다
눈의 겸손이 있습니다. 귀의 겸손이 있습니다. 자세의 겸손이 있습니다.

잠언 6장 16절에서 하나님이 미워하시는 것 예닐곱 가지 중 첫번째로 교만한 눈을 지적하십니다.

눈이 교만한 사람이 있습니다. 겸손이란 총제적인 것입니다.

말과 눈, 자세, 얼굴 이 모든 것에 겸손이 드러나는 것입니다.
상대방을 대하는 여러분의 눈, 얼굴, 말 자세가 어떻습니까?

겸손은 무기입니다

성 프란치스의 제자가 환상중에 하늘나라에 가서 천국 구경을 했는데 거기에 보좌가 쭉 있는데 가장 높은 보좌가 있더랍니다. "이건 누구껍니까?" 질문하니 '세상에서 가장 겸손한 성 프란치스가 앉게 될 의자'고 그랬습니다. 아무리 스승이지만은 너무 높아 진다니까 좀 질투가 났어요. 질투하는 마음이 있었어요.

그 다음에 성 프란치스를 만나가지고 조용한 시간에 "선생님은 선생님을 어떤 분이라고 생각하십니까?" 척 대답하시는데 "나, 나는 세상에서 제일 악한 사람이라고 생각하지"

그 때 제자는 말했습니다. "선생님, 그건 위선입니다. 선생님은 성자입니다. 세상에 강도, 살인, 뭐 도적질, 많은 악한 사람들이 많은데 선생님이 세상에서 제일 악하다면 그게 말이 됩니까?"

그는 빙그레 웃으면서 대답했습니다. "그건 자네가 나를 몰라서 그래. 나는 참으로 악한 사람이거든. 그러나 하나님의 큰 은혜가 있어서 그 은혜로 인하여 내가 있는 거야. 내게 주신 은혜를 다른 그분들에게 하나님이 주셨다면 그분들은 나보다 더 훌륭한 사람이 되었을 거라고"

이렇게 말할 때에 제자가 그 앞에 무릎을 꿇었다고 합니다. 여러분, 가장 겸손한 사람이 가장 강한 사람이에요. 가장 높은 사람이요, 가장 의의 사람임을 알아야 합니다.

겸손한 자에게는 영의 소성이 있습니다.

"지극히 존귀하며 영원히 거하시며 거룩하다 이름하는 이가 이와 같이 말씀하시되
내가 높고 거룩한 곳에 있으며 또한 통회하고 마음이 겸손한 자와 함께 있나니
이는 겸손한 자의 영을 소생시키며 통회하는 자의 마음을 소생시키려 함이라" (사 57:15)

겸손치 않으면 우둔합니다 겸손치 않으면 영의 소성이 없습니다. 겸손치 않으면 영이 죽습니다.

마더 테레사는 "겸손은 무기"이다 라고 고백했습니다.
"하나님은 교만한 자를 대적하시고
겸손한 자에게 은혜를 주신다 하였느니라" (약 4:6)

겸손한 자에게는 놀라운 하나님의 은혜가 있습니다.
겸손한 자에게는 영의 소성이 있습니다.
겸손은 무기이며 능력이여 권세이며 능력입니다.

"겸손한 사람은 언제나 하나님을 그의 안내자로 삼을 것이다" (번연)

"겸손은 무기입니다" (마더 테레사)

"우리를 사단의 손아귀에서 벗어나게 하는 가장 강력한 무기는 겸손이다"
(조나단 에드워즈)

무엇보다 우리 주님이 겸손하신 분이셨습니다. 주님은 마음이 겸손하고 온유하신 분이셨습니다.

"수고하고 무거운 짐 진 자들아 다 내게로 오라 내가 너희를 쉬게 하리라
나는 마음이 온유하고 겸손하니 나의 멍에를 메고 내게 배우라 그리하면 너희 마음이
쉼을 얻으리니 이는 내 멍에는 쉽고 내 짐은 가벼움이라 하시니라" (마11:28-30)

십자가를 지시기 위하여 예루살렘에 입성하신 예수님께서는 작은 나귀 새끼를 타고 입성하십니다. 십자가의 죽음과 같은 죽음의 고난을 이제 곧 직면하시는 하나님의 아들께서 나귀 새끼를 타시는 지극히 낮은 겸손의 자세는 우리에게 많은 것을 시사합니다. 즉. 죽음과 같은 고난도 겸손의 자세로 이길수 있다는 것입니다. 겸손은 강력한 무기입니다.

"겸손으로 허리를 동이라 하나님은 교만한 자를 대적하시되 겸손한 자들에게는 은혜를 주시느니라 하나님의 능하신 손 아래서 겸손하라 때가 되면 너희를 높이시리라"

(벧전 5:5~6)

"시온 딸에게 이르기를 네 왕이 네게 임하나니 그는 겸손하여 나귀, 곧 멍에 메는 짐승의 새끼를 탔도다 하라 하였느니라" (마 1:5)

"상선약수라는 구절이 있다. '가장 좋은 것은 마치 물과 같다'라는 것이다. 비유적인 표현이다. 성숙된 리더의 경지에 이른 리더의 모습은 마치 물과 같은 모습 즉 본질을 띈다는 것이다. 물을 들여다 보자. 물은 아래로 아래로 흘러 낮고 사람들이 싫어하는 곳까지도 향한다. 그리고 만물을 보듬어 적시고 모두를 생하게 돕는다. 그리고 물이 모여 그윽한 못이 되기도 하고, 때로는 차갑고 맑음으로 세상을 정화하고 거세게 흘러 세상을 또 씻어내기도 한다. 그리고는 결국 가장 낮은 곳에 다다라 바다가 되어 세상 모든 것을 넓게 품는다. 이것이 물의 이치이며 최상의 도이며 성숙된 리더가 지향해야 할 모습이라는 것이다" (노자)

| 7장 | 선하라

· 무엇보다 하나님 자신이 선하신 분입니다

· 하나님은 선하시고 우리는 하나님의 선함의 거울입니다

· 우리를 존재케한 이유를 성경은 '선한 일'과 연결합니다

· 당신을 만나서 다행이었다. 고마웠다

· 선한 자는 하나님이 주목하시고 하나님의 눈안에 든다

· 하나님은 단지 의인 1명을 찾으신다

· 그리스도인은 세상의 선한 소금이다

· 거룩이 곧 능력입니다

· 예수께서 보여주신 선한 리더십 "서번트 리더십"

· 예수께서 보여주신 선한 리더십 "프렌즈 리더십"

· 섬김이 없는 곳에는 행복이 없고 바로 그 곳이 지옥입니다

· 정직한 자에게는 흑암중에 빛이 일어납니다

· 투명해야 성공한다

"악에서 떠나 선을 행하라

그리하면 영원히 살리니

여호와께서 정의를 사랑하시고

그의 성도를 버리지 아니하심이로다

그들은 영원히 보호를 받으나

악인의 자손은 끊어지리로다

의인이 땅을 차지함이여

거기서 영원히 살리로다"

(시 37:27~29)

7장 선하라

'당신을 만나서 다행이었다. 고마웠다'라는 이야기를 배우자에게서, 이웃에게서
듣는다면 여러분들은 착하게 산 것입니다. 더 이상의 찬사는 없습니다.
이 고백을 많이 들으시기 바랍니다.

무엇보다 하나님 자신이 선하신 분이십니다

시편 34편에서 다윗은 "너희는 여호와의 선하심을 맛보아 알지어다. 그에게 피하는 자는 복이 있도다"라고 말합니다. 우리는 하나님의 선하심을 따라 선한 삶을 살아가야 하는데, 여기서 가장 중요한 것은 그 하나님의 선하심을 맛보아 알아야 한다는 것입니다.

신앙은 단순한 머리의 인식이나 정보 수준의 지식이 아니라, 삶을 통한 구체적인 체험을 전제합니다. 그래서 하나님의 선하심을 맛보아 알아야 한다고 강조하였습니다. '맛보다'로 번역된 히브리어 '타암'은 음식의 맛을 본다는 뜻으로서, 직접 경험을 통한 점검이나 확인을 의미합니다. '알다'로 번역된 히브리어 '라아'는 눈으로 직접 목격한다는 뜻이다. 두 단어 모두 직접적이고 구체적인 체험을 통해 아는 것을 지적합니다.

여기에서 사용된 두 동사는 '알다'라는 의미의 가장 대표적인 히브리어 동사 '야다아'의 동의어임을 알 수 있습니다. '야다아'는 단순하게 지적으로 아는 차원의 지식이 아니라 지식과 함께 경험에 근거를 둔, 살아 있는 지식을

의미합니다. 이것은 남녀가 부부생활을 통해 서로를 알아가는 것을 의미합니다.

오늘 본문의 다윗은 이렇게 하나님의 선하심을 체험했기에 다윗은 하나님을 신실하게 의지할 수 있었고 하나님의 자녀된 우리들도 눈동자처럼 철저한 보호를 받으며 어떤 상황 속에서도 낙심하지 않는 당당함을 갖고 살아갈 수 있습니다. 그런 확신과 당당함의 근거는 우리를 향하신 하나님의 인자하심이다. '인자하심'으로 번역되는 히브리어 '헤세드'의 기본적 의미는 하나님의 변함 없으심입니다. 우리를 자녀를 택하신 하나님께서는 끝까지 우리를 지켜주시는 신실하신 분이십니다.

하나님은 선하시고 우리는 하나님의 선함의 거울입니다

시편 34편에서 다윗은 여호와의 선하심을 맛보아 알 것을 우리에게 권면합니다.

"너희는 여호와의 선하심을 맛보아 알찌어다 그에게 피하는 자는 복이 있도다" (시 34:8)

절망 속에서 다윗이 여호와의 선하심을 맛보아 알 수 있었던 것은 그가 여호와께 피하는 자가 되었기 때문이다. 여호와께 피한다는 것은 인간의 능력으로는 아무런 가능성이 없었음을 지적합니다. 마치 어린아이가 부모의 품에 안겨 보호를 받듯이, 하나님은 우리를 안전하게 보호하시는 부모의 따뜻한 품과 같은 것입니다.

다윗은 그 선하심을 구체적으로 맛보아 알기 위해 인생의 모든 과정에서 우리가 누구를 의지하여 살아가야 할 것인지를 말하고 있습니다. 우리가 특별히 인생의 시련기에 피하여 의지해야할 분은 하나님이십니다.

이 세상에서 환란을 만날 때에 피할 수 있는 참된 분은 하나님 밖에 없습니다. 그 선하신 하나님에게 피하여 하나님의 선하심을 맛보아 알라는 것입니다.

이러한 하나님의 선하심을 맛보았던 다윗이기에 시편 23편을 지을 수 있었습니다. 여호와는 나의 목자시니 네게 부족함이 없으리로다. 그가 나를 푸른 초장에 누이시며 쉴 만한 물가로 인도하시는도다. 4절에 내가 사망의 음침한 골짜기로 다닐지라도 해를 두려워하지 않을 것은 주께서 나와 함께 하심이라. 주의 지팡이와 막대가 나를 안위하시나이다. 이곳에서는 자신이 사망의 음침한 골짜기로 다닐지라도 해를 두려워하지 않는 것은 주님이 함께 계시면서 그 분의 지팡이와 막대기인 천사들을 통해 보호하시기 때문입니다. 다윗은 그렇게 하나님께서 자신을 지키시는 하나님의 선한 도움의 손길을 체험하였기 때문에 그는 6절에서 "내 평생에 선하심과 인자하심이 반드시 나를 따르리니 내가 여호와의 집에 영원히 살리로다"라고 고백하였습니다.

그는 하나님의 선하심을 맛보아 알았으므로 자신의 평생에 여호와의 선하심과 인자하심이 반드시 나를 따르리니 내가 여호와의 집에 영원히 살리로다 고백하였습니다.

다윗과 같이 우리의 삶에 주의 선하심이 따르고 있다면, 우리는 성령의 열매인 "선함"을 맺기에 충분한 힘을 가지고 있는 것입니다. 당신이 누리고 있는 풍성한 하나님의 선하심을 기억하십시요.

그리고 그 선하심을 당신을 통해 맺기 원하시는 성령님의 강력한 욕구를

따라 선함을 맺으십시오. 당신이 누리고 있는 주의 선하심을 그들로 맛보게
하십시오.

다윗은 이렇게 곤고한 속에서 하나님께 기도하여 구원함을 체험함으로 하
나님의 선하심을 맛보아 알았습니다. 그는 하나님의 선하심을 맛보아 안 뒤
에는 언제나 하나님께 피하는 자가 되었습니다. 하나님께 피하는 자는 복이
있다고 했는데, 그가 받는 복은 구체적으로 무엇입니까?

여호와께 피하는 자는 여호와를 경외하라는 것입니다. 여호와께 피하여
여호와를 경외하는 사람은 부족함이 없다는 것입니다. 여호와는 경외하는
자에게는 부족함이 없다는 것입니다. 그 부족함이 없는 모습을 10절은 좀
더 구체적으로 설명합니다. 젊은 사자는 주릴지라도 여호와를 찾는 자는 모
든 좋은 것에 부족함이 없을 것이라고 선포합니다. 우리가 하나님의 선하심
을 맛보아 알아서 여호와께 피하여 그를 경외하면 그의 삶에 좋은 것, 선한
것에서 부족함이 없는 삶이 될 것입니다.

여호와께 피하여 여호와를 경외하면 그에게는 모든 좋은 것에 부족함이
없습니다. 그러면 어떻게 해야 여호와를 경외하는 것입니까? 12절에 생명을
사모하며 연수를 사랑하여 복받기를 원하는 사람이 누구뇨? 14절에 악을 버
리고 선을 행하며 화평을 찾아 따를찌어다 라고 말씀합니다. 하나님의 선하
심을 맛보아 아는 사람은 이제 악을 버리고 선을 행하며 화평을 찾아 따르
는 사람입니다.

시편 34편 13-14절에서 말씀합니다. "네 혀를 악에서 금하며 네 입술을 거짓
말에서 금할지어다. 악은 버리고 선을 행하며 화평을 찾아 따를지어다"

우리를 존재케한 이유를 성경은 '선한 일'과 연결합니다

우리에게 어떻게 선의 열매가 맺힐 수 있겠습니까? 바로 우리가 선하신 주님을 따라 살면서 주님의 선하심을 맛보아 알았고, 그러한 가운데 바로 우리가 선으로 악을 이길 때 선한 열매를 맺을 수 있습니다.35)

에베소서 2장 10절에 "우리는 그가 만드신 바라 그리스도 예수 안에서 선한 일을 위하여 지으심을 받은 자니 이 일은 하나님이 전에 예비하사 우리로 그 가운데서 행하게 하려 하심이니라"이라 선포합니다.

바울은 이와 같이 에베소서 2장 10절에서 하나님께서 우리를 존재케 하신 이유에 대해서 말해 줍니다. '우리를 존재케 한 이유를 바울은 '선한 일'과 연결합니다. 선한 일을 행하게 하려고 만드셨다는 것입니다. 선하게 창조된 사람은 선한 존재가 돼서 선해야 살아야 합니다. 거듭난 새 사람으로 부르실 때 하나님은 우리를 선한 존재로 부르시고 선한 일을 하게 하심으로 악한 세상을 고쳐 나가기를 원하셨던 것입니다.

디도서 2:14에서는 선한 일과 구원을 연결하는 말씀이 나옵니다. '그가 우리를 대신하여 자신을 주심은 모든 불법에서 우리를 속량하시고 우리를 깨끗하게 하사 선한 일을 열심히 하는 자기 백성이 되게 하려 하심이라' 예수 그리스도가 불법과 죄 가운데 있는 우리를 구원하신 이유가 우리가 선한 일을 하도록 하기 위해서라고 합니다.

이런 말씀에 비추어 보면 착함과 선행은 힘들다고 포기해도 되는 그런 간단한 일이 아닙니다.

---

35) 이하 옥한흠 글 인용

우리는 선한 일을 위해 지음 받았기 때문에 충분히 선할 수 있는 역량과 잠재력을 가지고 있고, 성령께서 그 힘을 주십니다. 성령께서 주시는 능력을 사모하시고 적극적으로 구하시기를 바랍니다. 기도로 구하고, 그 능력으로 살아갈 때, 착함을 막고 있는 세상에서도 착하고, 선한 삶을 살 수 있습니다.

우리들의 이러한 선한 행위들은 파급력을 가지고 있고, 전파력을 가지고 퍼져 나간다는 것입니다. 지금까지 교회 역사에서 수많은 사람들이 선으로 악을 이겼고 그것을 통해 기독교의 복음을 힘있게 퍼져 나갔습니다. 선함과 착함이 주는 영향력은 큽니다. 그 영향력에 들어선 이들을 구원할 수 있기 때문입니다. 두 구절의 말씀을 보겠습니다.

마 5:16입니다.

"이같이 너희 빛이 사람 앞에 비치게 하여 그들로 너희 착한 행실을 보고 하늘에 계신 너희 아버지께 영광을 돌리게 하라"

벧전 2:12입니다.

"너희가 이방인 중에서 행실을 선하게 가져 너희를 악행 한다고 비방하는 자들로 하여금 너희 선한 일을 보고 오시는 날에 하나님께 영광을 돌리게 하려 함이라"

"악에게 지지말고 선으로 악을 이기라" (롬 12:21)

당신을 만나서 다행이었다. 고마웠다

착한 행실, 선한 일의 영향력이 놀랍다는 것입니다. 사람들이 욕하다가도 '너희의' 선한 모습을 보고 신앙의 길로 나온다는 것입니다. 뒤집으면 무슨 말입니까? '너희의' 지독한 모습 보면, 정나미 떨어져 도망간다는 겁니다. 하나님의 구원은 전적으로 하나님의 은혜입니다. 하지만 그 구원에 이르는 부르심의 과정에 우리의 선한 행위를 수단으로 사용하십니다. 보잘것없는 나의 작은 선함이 놀랍게도 구원의, 부르심의 중요한 수단이 되는 겁니다.

선함은 가장 강력한 전도와 선교의 도구입니다.

양선의 삼각형으로 이루어집니다. 첫째 하나님입니다. 하나님을 깊이 신뢰하시기 바랍니다. 신뢰함이 없이는 악한 세상에서 선해질 수 없습니다. 믿음은 저력이라고 했습니다. 포기하지 말고 세상의 악에 대항해서 싸우시고 선함을 드러내십시오. 하나님께 영광을 드리게 됩니다. 두 번째 요소인 '너'입니다.

만약 여러분의 삶에서 '당신을 만나서 다행이었다. 고마웠다'라는 이야기를 배우자에게서, 이웃에게서 듣는다면 여러분들은 착하게 산 것입니다. 더 이상의 찬사는 없습니다. 이 고백을 많이 들으시기 바랍니다.

세번째 꼭짓점은 '나'입니다. 선행의 주체는 나입니다. 내가 먼저 선해야 합니다. 독해지라는 세상의 압력에 지지 말고 성령께서 주시는 힘으로 선해져야 합니다. 이 힘을 구하시기 바랍니다.

"악에게 지지 말고 오히려 선으로 악을 이기라" (로마서 12:21)

양선은 악한 속에서도 선을 행하는 것이라 하였습니다. '선함'은 단순히

선하라　　**199**

다른 사람에게 자선을 베푸는 데 머물지 않고 그가 가진 가능성과 '선함'을 일깨워주는데 있다고 하겠습니다. '선함'은 '선함'에서 끝나서는 안 되고 그 '선함'이 더욱 널리 전파되게 하는데 진정한 '선함'이 있다고 하겠습니다.

나만 착한 일 하는 것으로 만족하지 않고 다른 사람이 내 '선함' 때문에 자극을 받아서 그 사람이 다른 사람에게 선을 베풀게 한다면 그것이야말로 진정한 선이라고 하겠습니다. 선의 열매의 가장 궁극적인 목표는 선으로 악을 이기는 것이며, 그리하여 널리 선이 전파되는 것입니다.

사도 바울이 '선함'을 성령의 열매에 포함시킨 이유가 바로 악을 참아내며 이길 수 있는 능력으로서의 '선함'을 뜻하였기 때문이라고 하겠습니다.[36]

선한 자는 하나님이 주목하시고 하나님의 눈안에 든다

"우스 땅에 욥이라 이름하는 사람이 있었는데
그 사람은 순전하고 정직하여 하나님을 경외하며 악에서 떠난 자더라
여호와께서 사단에게 이르시되 네가 내 종 욥을 유의하여 보았느냐 그와 같이 순전하고
정직하여 하나님을 경외하며 악에서 떠난 자가 세상에 없느니라" (욥기 1:1,8)

정직하고 선한 자는 하나님이 칭찬하고 주목하는 사람입니다.

창세기 6장을 보면, 우리 모두가 아시다시피 하나님께서는 당시에 "사람의 죄악이 세상에 관영 함과 그 마음의 생각이 항상 악할 뿐임을 보시고 땅 위에 사람 지으심을" 한탄할 정도로 마음이 답답하사 사람을지면에서 쓸어

---

36) 이상 옥한흠 글중 인용

버리기로 작정하셨습니다. (창 6:5-6)

그러나 선한 사람, 의인 노아는 하나님께 은혜를 입습니다

"그러나 노아는 여호와께 은혜를 입었더라 노아의 사적은 이러하니라 노아는 의인이요 당세에 완전한 자라 그가 하나님과 동행하였으며" (창 6:8-9) 노아는 하나님과 동행하는 자이었습니다

세상이 멸망당할 종말에도 정직하고 선한 자는 하나님이 주목하고 은혜를 입는 것입니다.

"그러나 노아는 여호와께 은혜를 입었더라"(창 6:8)

이 말씀을 원문으로 보면 "노아흐 마차(발견되다, 찾아내다) 헨(은혜) 베아인(눈 안에) 여호와"입니다.

직역하면
"노아는 발견되어졌다. 여호와의 은혜의 눈 안에"

여호와의 눈(아인)에 노아가 발견된 것입니다. 다시 말해서 하나님의 눈 안에 들어온 것입니다.

눈이 구약에서는 가면 "아인"이라고 합니다. 아인은 두 가지 뜻이 있는데, 사물을 보는 "눈"과 물이 흘러나오는 "샘, 샘물"을 의미합니다. 아인은 물리적인 눈 이상의 의미를 가지고 있습니다. 아인은 부분을 보는 것이 아니라 전체를 보는 것, 겉을 보는 것이 아니라, 속을 보는 것을 의미하고 하나님과

하나님의 말씀을 이해하고 순종하는 전체 과정을 의미합니다.

정직하고 선한 자는 하나님의 눈 안에 들어오는 것입니다.

반대로 성경은 가인이라는 인물에 대하여 어떻게 말씀합니까?

"가인같이 하지 말라 그는 악한 자에게 속하여 그 아우를 죽였으니
어떤 이유로 죽였느냐 자기의 행위는 악하고 그 아우의 행위는 의로움이라" (요일 3:12)

가인은 근본이 악한 자이고 악한 자들의 무리에 속한 패역한 자임을 분명히 지적합니다.

하나님은 단지 의인 1명을 찾으신다

페르시아의 왕이 어느 날 세계적인 현자들을 한자리에 모아놓고, 인류에 있어서 가장 무서운 죄악이 무엇이겠냐고 물었습니다. 그 때에 그리이스의 현자는 "늙어서 가난하게 사는 것이 악입니다"라고 말했습니다.

인도의 현자는 "사람이 도저히 견디기 힘든 고통을 당하는 것이 가장 어려운 악입니다."라고 말했습니다. 페르시아의 현자는 이렇게 말했습니다.

"이 암흑의 세상에 광명을 줄 만한 선을 한가지도 못하고 임종을 맞는 것입니다."

성경은 말합니다.

"믿음과 착한 양심을 가지라 어떤 이들은 이 양심을 버렸고
그 믿음에 관하여는 파선하였느니라" (디모데전서 1:19)

아브라함은 창세기 18장에서 소돔과 고모라를 불로 멸하시려는 하나님께 간청합니다. "나는 티끌이나 재와 같사오나 감히 주께 아뢰나이다"라고 입을 열며, "오십 의인 중에 오 명이 부족하다면 그 오 명이 부족함으로 말미암아 온 성읍을 멸하시리이까"

하나님께서는 "내가 거기서 사십오 명을 찾으면 멸하지 아니하리라"(28절) 하십니다. 의인 다섯 명을 줄였지만, 다시 생각해도 자신이 없는 아브라함이 또 입을 뗍니다. "거기서 사십 명을 찾으시면 어찌 하려 하시나이까"

하나님은 "사십 명으로 말미암아 멸하지 아니하리라"(29절) 하십니다. 그게 끝이 아니었습니다.

아브라함은 다시 "내 주여 노하지 마시옵고 말씀하게 하옵소서. 거기서 삼십 명을 찾으시면 어찌 하려 하시나이까" 물었고, 하나님께서는 다시 "내가 거기서 삼십 명을 찾으면 그리하지 아니하리라"(30절) 하셨습니다.

그도 끝이 아니었습니다. 불안한 아브라함은 다시 "내가 감히 내 주께 아뢰나이다 거기서 이십 명을 찾으시면 어찌 하려 하시나이까" 하니 하나님께서는 다시 "내가 이십 명으로 말미암아 그리하지 아니하리라"(31절) 하셨습니다.

벌써 네 번이나 재협상을 시도했지만 거기서 멈출 수 없었습니다. "아브라함이 또 이르되 주는 노하지 마옵소서. 내가 이번만 더 아뢰리이다. 거기

서 십 명을 찾으시면 어찌 하려 하시나이까"라고 물었습니다. 하나님은 "내가 십 명으로 말미암아 멸하지 아니하리라"(32절) 하셨습니다. 50명에서 시작한 의인은 45명, 40명, 30명, 20명, 결국 10명으로 결판났습니다.

소돔과 고모라 성에는 의인 10명이 없어 하나님께로부터 불로 불심판을 당하였습니다.

모세는 이스라엘 백성 위에 천부장, 백부장, 오십부장, 십부장을 세웠는데 (출애굽기 18:25), 이 말은 열 명이 이스라엘 공동체의 최소 단위 숫자였다는 뜻입니다.

즉, 하나님 보시기에 최소 단위인 10명의 선한 사람, 의인이 없어 소돔과 고모라 성에는 의인 10명이 없어 하나님께로부터 불로 불심판을 당하게 된 것입니다.

소돔과 고모라의 패역과 불순종이 얼마나 심각하였는지를 가늠해볼수 있는 것입니다.

예레미야 5장을 보면 하나님께서 예루살렘 도성에 의인 1명을 찾으십니다. 이는 소돔과 고모라의 심판을 앞두고 하나님이 의인 10명이 있으면 심판하지 않겠다고 하신 말씀과 비교됩니다.

소돔과 고모라에는 의인 10명이었는데 예루살렘에는 의인 1명이 조건으로 제시된 것을 볼 때 예루살렘의 죄악이 얼마나 극심했는지 짐작됩니다.

예루살렘에 단 한명의 의인이 없어서 하나님도 어쩔 수 없이 심판하기로 하신 것입니다. 예루살렘의 의인이 단 한 사람도 없다는 사실은 예루살렘의 패역과 불순종과 불의가 얼마나 심각하였는지를 우리는 짐작조차 할수 없는 것입니다.

그리스도인은 세상의 선한 소금이다

바닷물이 썩지 않는 것은 3%의 염분 때문이라고 합니다. 소량의 소금기가 없다면 부패하고 썩은 바다가 되고 말 것입니다. 이 땅에 크리스찬이 25%가 넘는다고 하는데 왜 우리 사회가 이토록 거짓되고 부패가 만연한 것인가를 생각해야 하는 심각한 시점에 와 있습니다.

예수님은 믿는 무리들을 향해 "너희는 세상의 소금이니…(마5:13) 너희는 세상의 빛이라…(마5:14)" 명령하십니다.

소금은 음식에 맛을 내기도 하지만 우리의 생명을 유지하기 위해서도 필수적입니다. 만약 우리 몸에 염분이 다 사라져 버린다면 의학적으로 괴이한 병에 걸려 죽고 맙니다.

소금은 또한 방부제 역할을 합니다. 과거 냉장고가 없던 시절에 소금은 생선이나 음식의 부패를 막는 중요한 식품이었습니다. 히브리 사람들은 믿을 만한 사람, 그 인격이 진실하고 하나1님을 향한 자세에서 충성스러운 사람들을 가리켜서 '소금같은 사람'이라고 말했습니다.

1919년 3월 1일 기미년 독립 만세운동을 일으킬 때 한국의 기독교인의 비율은 1%가 채 못됐다고 합니다. 그러나 그 당시 기독교인들은 시대를 이끄는 지도적 위치를 잃지 않았습니다.

독립선언서를 기초한 33인 중에 16인이 크리스찬이었습니다. 백범 김구 선생은 경찰서 백개 짓는 것보다 교회 하나 세우는 게 낫다는 말까지 했습니다. 한국 기독교는 이런 시대적 요청에 응답하는 선한 영향력을 발휘해야 할 시점에 와 있다고 생각합니다.37)

"너희는 세상의 소금이니 소금이 만일 그 맛을 잃으면 무엇으로 짜게 하리요 후에는 아무 쓸 데 없어 다만 밖에 버려져 사람에게 밟힐 뿐이니라 너희는 세상의 빛이라 산 위에 있는 동네가 숨겨지지 못할 것이요 사람이 등불을 켜서 말 아래에 두지 아니하고 등경 위에 두나니 이러므로 집 안 모든 사람에게 비치느니라 이같이 너희 빛이 사람 앞에 비치게 하여 그들로 너희 착한 행실을 보고 하늘에 계신 너희 아버지께 영광을 돌리게 하라"

(마 5:13~15)

하나님께서는 악한 계교와 패역과 불의를 증오하신다고 성경은 분명히 말합니다.

"여호와의 미워하시는 것 곧 그 마음에 싫어하시는 것이 육 칠 가지니
곧 교만한 눈과 거짓된 혀와 무죄한 자의 피를 흘리는 손과 악한 계교를 꾀하는 마음과
빨리 악으로 달려가는 발과 거짓을 말하는 망령된 증인과 및
형제 사이를 이간하는 자니라" (잠언 6:16-19)

"뱀같이 지혜롭고 비둘기같이 순전하라" (마10:16)

거룩이 곧 능력입니다

"저가 빛 가운데 계신것 같이 우리도 빛 가운데 행하면 우리가 서로 사귐이 있고

---

37) 이상 황재국 글중 인용

그 아들 예수의 피가 우리를 모든 죄에서 깨끗하게 하실 것이요" (요일 1:7)

"너는 이스라엘 자손의 온 회중에게 고하여 이르라 너희는 거룩하라
나 여호와 너희 하나님이 거룩함이니라" (레 19:2)

거룩에는 노력이 필요합니다. 뼈를 깎는 희생이 필요합니다. 그렇기에 거룩은 쉽지 않습니다. 그 길은 좁은 길입니다. 그러나 그 길만이 생명의 길입니다.

"좁은 문으로 들어가라 멸망으로 인도하는 문은 크고 그 길이 넓어 그리로 들어가는 자가 많고 생명으로 인도하는 문은 좁고 길이 협착하여 찾는 이가 적음이니라" (마 7:13-14)

거룩은 온전히 인간의 몫입니다.

"거룩에는 '하나님의 몫'과 '인간의 몫'이라는 신비로운 혼합이 있다. 하나님은 우리 모두가 다 거룩하기를 원하신다. 그러나 우리의 동참 없이는 그 일을 하지 않으실 것이다.

우리는 우리 자신을 축복의 장소에 두어야 한다. 거룩에 대한 조건 충족 없이 거룩이 기적적으로 우리에게 임하기를 기대하거나 하나님이 우리를 도우셔서 우연히 임하기를 기대하는 것은 잘못된 것이다.

푸른 초장으로 가는 길에 대한 안내판은 아주 분명하다. 우리 다같이 그 길을 가도록 하자. 거룩하기를 원하면서 기도와 헌신을 등한히 하는 것은 동쪽으로 가기를 원하면서 서쪽을 향해 걷는 것과 같다.

오직 믿음으로만 거룩하게 될 수 있다고 말하는 것은 성도들을 잘못 인도하는 것이다. 이는 신약성경에 나와 있는 의지적인 순종에 대한 수백 구절이 넘는 많은 말씀들을 그

저 대수롭지 않게 보아 넘기는 것이다.

그리고 승리의 삶은 '소명의 제단'에서만 찾을 수 있다고 가르치는 것도 성도들을 잘못 인도하는 것이다. 물론 사람이 그 자신을 그리스도께 재헌신할 수 있다. 그러나 자신을 제단에 드리는 것만이 전부는 아니다. 사실 일시적으로 제단에 드린 자신의 의지는 지속적인 노력의 뒷받침이 없이는 곧 그 열정이 사라져 버리고 만다.

그러므로 우리는 "하나님께 자신을 드려 하나님으로 그 일을 하시게 하자"라든지, "약속을 믿으면 충만을 받는다" 또는 "노력하지 말고 신뢰하라"는 등 아주 그럴싸한 구호들을 조심해야 한다. 도날드 캠벨은 다음과 같이 말했다.

"성령은 신자들 안에서 자동적으로 혼자 역사하시지 않고 그 상대의 반응을 기다리신다." (잊혀진 명령 거룩하라, 윌리암 맥도날드)

거룩에는 댓가가 있습니다. 하나님과의 깊은 사귐이 있습니다.
거룩한 자에게만 주어지는 하나님과의 거룩한 사귐이 있습니다.
거룩한 자에게만 주어지는 특권입니다.

"저가 빛 가운데 계신것 같이 우리도 빛 가운데 행하면 우리가 서로 사귐이 있고 그 아들 예수의 피가 우리를 모든 죄에서 깨끗하게 하실 것이요" (요일 1:7)

"모든 사람으로 더불어 화평함과 거룩함을 좇으라
이것이 없이는 아무도 주를 보지 못하리라" (히 12:14)

이 말씀에서 사귐이란 헬라어로 코이노니아입니다. 하나님이 빛가운데 계신 것 같이 우리도 빛가운데 거룩히 행하면 하나님과 우리 사이에 사귐이 시작됩니다. 친밀한 교제가 일어납니다. 거룩한 자에게만 주어지는 놀라운 특권입니다.

우리가 주를 보지 못하고, 하나님과의 깊은 사귐에 실패하는 이유는 뼈를 깎는 거룩에 대한 우리의 노력이 없기 때문입니다. 위의 윌리암 맥도날드의 고백처럼 하나님 문제가 아니라 온전히 우리 문제입니다.

거룩에는 뼈를 깎는 수고와 노력이 필요합니다. 그러나 거룩한 자에게는 하나님이 계십니다. 거룩한 자는 하나님을 봅니다. 거룩한 자는 하나님의 임재안에 거합니다.

그렇기에 거룩은 능력입니다.
성경의 삼손을 보십시오.

그의 능력의 근원이 어디에서 나왔습니까? 바로 나실인이라는 거룩한 직분을 의미하는 그의 삭도를 대지 않은 긴 머리털에서 나왔습니다. 그러나 그가 창기에 빠져 그 머리털이 뽑혔을 때 그는 능력을 상실하였습니다.

삼손의 이야기는 우리에게 거룩이 바로 곧 능력임을 보여줍니다.

"삼손이 진정을 토하여 그에게 이르되 내 머리에는 삭도를 대지 아니하였나니
이는 내가 모태에서 하나님의 나실인이 되었음이라 만일 내 머리가 밀리우면
내 힘이 내게서 떠나고 나는 약하여져서 다른 사람과 같으리라

들릴라가 삼손의 진정을 다 토함을 보고 보내어 블레셋 사람의 방백들을 불러 가로되
삼손이 내게 진정을 토하였으니 이제 한번만 올라오라 블레셋 방백들이
손에 은을 가지고 여인에게로 올라오니라

들릴라가 삼손으로 자기 무릎을 베고 자게 하고 사람을 불러 그 머리털 일곱 가닥을 밀고
괴롭게 하여본즉 그 힘이 없어졌더라

들릴라가 가로되 삼손이여 블레셋 사람이 당신에게 미쳤느니라 하니 삼손이 잠을 깨며 이르기를 내가 전과 같이 나가서 몸을 떨치리라 하여도 여호와께서 이미 자기를 떠나신 줄을 깨닫지 못하였더라" (삿 16:17-20)

거룩은 하나님의 존재방식입니다.
거룩한 자는 하나님을 봅니다. 우리가 하나님을 볼 때 우리는 더 이상 무력하지 않습니다. 우리가 하나님을 볼 때 우리는 더 이상 무능력하지 않습니다.

"거룩한 능력으로 힘입지 않으면 아무 소용이 없다" (피터 와그너)

"하나님을 따라 의와 진리의 거룩함으로 지으심을 받은 새 사람을 입으라" (엡 4:24)

오직 거룩이 능력입니다.
거룩으로 옷입으십시요. 거룩이 능력이기 때문입니다.

"거룩한 영성을 추구하는 이유는 영향력 때문이다. 성자라고 불리우는 사람들을 연구해보면 그들의 동기가 항상 순수했던 사람들이다.

예수님의 영향력은 시대를 초월하고, 장소를 초월하고, 인종을 초월했다. 예수님의 영향력의 근본은 거룩에 있다.

세상을 움직이는 것이 물질, 권력, 섹스, 지식과 정보 같아 보이지만 정작 세상을 움직이는 것은 영적인 감화력이요, 거룩이다.

젊은 나이에 하나님의 부르심을 받은 로버트 머레이 맥체인이 강단에 올라섰을 때, 말한마디 내뱉지 않았음에도 불구하고 사람들은 조용히 울기 시작했다고 한다. 그 영향력은 그의 거룩한 삶에서 나온 것이다. 그와 함께 밤을 보낸 한 사역자는 멕체인에게 깊은 감명을 받고 "아! 저 분은 내가 지금까지 본 사람 중에서 예수님을 가장 많이 닮은 분이다"라고 말했다.

멕체인의 전기를 쓴 스튜워트는 "멕체인은 지성소 안에 들어가 수시간을 기쁨의 찬양과 경배를 드리고 갈보리의 사랑으로 목욕한 다음 집집을 방문하며, 그리스도의 살아 있는 향기를 풍기기 위해 하나님의 존전에서 나온다. 그가 거리를 걸을 때 사람들은 그의 얼굴에서 예수님을 보고 놀란다"고 기록했다.

하나님은 거룩을 최고의 목표로 삼고 살아가는 사람을 찾고 계신다.
하나님은 사람들의 인기와 명성이 아닌 거룩한 영성을 추구하는 사람들을 찾고 계신다

모든 사람들은 거룩함이 없이는 아무도 주를 보지 못하리라는 성경 말씀에 충격을 받아야만 한다" (잊혀진 명령 거룩하라, 윌리암 맥도날드)

예수께서 보여주신 선한 리더십 "서번트 리더십"

예수님의 제자들에게도 이런 갈등이 있었습니다. 주께서 십자가를 지시기를 얼마 앞둔 시점(수난주간 직전)에서 제자들 사이에 "누가 더 큰 자인가?"(누가복음 22장 24절)라는 다툼이 일어났습니다.

마가복음에서는 제자 중 라이벌이었던 야고보와 요한 형제가 서로 두의 나라가 이 땅에 이루어질 때 좌우편에 앉게 해달라고 청탁하는 갈등이 빚어졌다고 보고하고 있습니다. 바로 이때 예수님은 본문을 통해서 제자들이 갈등을 넘어서서 섬김의 삶을 살 것을 가르치신 것입니다. 한걸음 더 나아가 제자들의 공동체가 섬김의 공동체가 되어야 한다고 말씀하십니다. 그러면

도대체 우리는 왜 권력을 추구하는 자가 아닌 섬김을 추구하는 삶을 살아야 하는 것일까요?

세상의 리더십은 권력형 리더십입니다. '마키아벨리 군주론'이나 '데일 카네기 인간관계론'의 리더십은 전형적인 세상의 권력형 리더십입니다.

예수께서는 이러한 세상의 권력형 리더십에 대하여 적나라하게 지적하신 바가 있습니다.

마가복음 10장 42절과 43절에서 예수께서는 보편적으로 이 세상에 존재하는 세속적 리더십 룩은 권력 지향적 리더십과 주님의 새로운 섬김의 리더십을 차별화하셨습니다. 먼저 42절을 읽겠습니다. "예수께서 불러다가 이르시되 이방인의 소위 집권자들이 저희를 임의로 주관하고 그 대인들이 저희에게 권세를 부리는 줄을 너희가 알거니와"

여기서 "주관한다."는 말을 표준 새 번역 개정판에서는 "마구 내리 누르고"라고 번역하고 "권세를 부린다."는 말은 "세도를 부린다."는 말로 번역했습니다. 공동 번역은 "…백성을 강제로 지배하고 또 높은 사람들은 백성을 권력으로 내리 누른다"고 했습니다.

여기서 우리는 세상 리더십의 전형을 볼 수 있습니다. 그것은 지배하고 내리 누르는 리더십인 것입니다. 그래서 자신을 높이려는 리더십이었습니다. 그것은 낮은 곳에서 높은 곳으로 나아가는 리더십인 것입니다. 그러나 주님은 높은 곳에서 낮은 곳으로 오셨습니다.

그러나 예수께서 가르치신 리더십은 인격형 리더십, 서번트 리더십입니다

마가복음 10장 45절에서 예수께서는 "인자의 온 것은 섬김을 받으려 함이 아니라 도리어 섬기려 하고 자기 목숨을 많은 사람의 대속물로 주려 함이니라."고 말씀하셨습니다. 그는 섬김의 목적으로 이 땅에 오셨고 그 섬김의 절정으로 자신의 목숨까지 십자가에서 내어 주실 것을 예언하신 것입니다.

그리고 그는 십자가에서 죽으시기 전 날 밤 다락방에서 손수 제자들의 발을 씻기시는 모범을 보이심으로 섬김의 교훈을 실천하셨습니다. 하나님의 아들이시오 제자들의 주인과 스승으로서 친히 제자들에게 발을 씻김 받으셔야 마땅한 그 분이 오히려 제자들 앞에서 머리를 숙이시고 무릎을 꿇고 수건을 들고 제자들의 냄새나는 발을 씻기신 것입니다.

흥미로운 것은 주께서 제자들의 발을 씻기신 후 주님은 요한복음 13장 14-15절에서 이렇게 말씀하십니다. "내가 주와 또는 선생이 되어 너희 발을 씻겼으니 너희도 서로 발을 씻기는 것이 옳으니라. 내가 너희에게 행한 것 같이 너희도 행하게 하여 본을 보였노라"

가장 낮은 신분으로서 배에 묶여 노를 젓는 노예를 '둘로스'($\delta o u \lambda o \varsigma$)라고 불렀습니다. 노를 젓는 종으로서 '둘로스'는 한마디로 '나는 없습니다, 나는 존재도 아닙니다.'라는 의미"입니다.

둘로스 ($\delta o u \lambda o \varsigma$)는 노예인데, "종은 고용된 존재이고 노예는 소유된 존재"라고 둘을 구분합니다. '노예와 당나귀는 주인을 위해 노동한다는 점에서는 공통점이 있지만, 노예는 말을 할 줄 알고 당나귀는 말을 할 줄 모른다는 차이가 있을 뿐이다'고 설명합니다.

종은 자신의 권리를 주인에게 양도하여 철저하게 섬기는 자입니다.

인류는 수많은 유형의 리더십을 실험한 후 오늘에 와서야 비로소 가장 건강한 리더십을 가르쳐 "섬김의 리더십"이라고 말하기에 이르렀습니다. 1977년 로버트 그린리프라는 그리스도인이 저술한 "종의 리더십"이 주목을 받기 시작하다가 1996년 "섬기는 지도자 되기"라는 책이 세계적 관심을 불러일으키면서 오늘날 전 세계 100대 기업의 약 절반은 사원들의 훈련과정에 "종의 리더십"을 가르치기에 이르렀습니다.

그러나 이미 예수님은 2천년 전에 이런 섬김의 리더십을 가르치셨고 행하여 보여 주셨습니다. 그는 인류 역사 최초의 완벽한 "섬기는 리더"이셨습니다. 우리가 섬김의 삶을 살아야 할 이유, 주께서 친히 명하시고 모범을 보이셨기 때문입니다.

> "또 그들 사이에 그 중 누가 크냐 하는 다툼이 난지라
> 예수께서 이르시되 이방인의 임금들은 그들을 주관하며 그 집권자들은 은인이라 칭함을
> 받으나 너희는 그렇지 않을지니 너희 중에 큰 자는 젊은 자와 같고 다스리는 자는 섬기는
> 자와 같을지니라 앉아서 먹는 자가 크냐 섬기는 자가 크냐 앉아서 먹는 자가 아니냐 그러나
> 나는 섬기는 자로 너희 중에 있노라" (눅 22장)

예수께서 보여주신 선한 리더십 "프렌즈 리더십"

이스라엘의 수상인 모세 다얀은 그의 운전 기사에게 늘 친구처럼 대했다고 한다. 아침에 서로 만나게 되면 운전기사는 모세 다얀에게 "모세, 오늘 아침은 어떻소 ?"라고 마치 친구에게 하듯 인사를 해서 옆에서 듣는 사람들이 깜짝 놀라곤 했다.

많은 사람들이 어떻게 그럴 수 있느냐고 묻자 모세 다얀의 대답은 간단했다. "하나는 앞에 앉고 하나는 뒤에 앉는다는 차이가 있을 뿐, 사람이 다른 것은 아니다."

예수께서 보여주신 또 하나의 리더십은 친구 리더십입니다.

"너희가 나의 명하는대로 행하면 곧 나의 친구라 이제부터는 너희를 종이라 하지 아니하리니 종은 주인의 하는 것을 알지 못함이라 너희를 친구라 하였노니 내가 내 아버지께 들은 것을 다 너희에게 알게 하였음이니라"(요한복음 15:14-15)

여러분! 여러분들이 친구에게 가는 것이 부담스럽고 어렵고 주저된 적이 있습니까? 아닐 것입니다. 사장이나 회장을 찾아가는 일은 참으로 마음이 심적으로 부담스럽고 어렵고 주저된 적이 많겠지만

친구에게 가는 것은 언제든지 늘 가고 싶고 머물고 싶을 만큼 기쁘고 즐거운 일 것입니다. 예수께서 우리에게 보여주신 또 하나의 리더십은 친구 리더십입니다.

친구처럼 부담없고 기쁘고 늘 머물고 깊고 따르고 싶게 만드는 리더십이 바로 예수께서 보여주신 친구 리더십입니다.

친구 리더십은 권위적이지 않은 리더십, 친구는 고민과 비밀을 털어놓는 사람이기에 언제든지 고민과 어려움을 나눌수 있는 그런 친근한 관계만이 진정한 리더십인 것입니다.

요한복음 15장에서 예수님은 우리를 가리켜 종이 아니라 친구라고 하셨습

니다. 이는 진정한 리더십은 수직적 권력적 리더십이 아니라 수평적 리더십이어야 함을 말씀하십니다.

여러분의 삶에 영향을 끼친 사람들을, 여러분의 삶에 영향력을 끼친 사람들을 한번 상기해보십시요! 대부분 예수님의 서번트 리더십, 프렌즈 리더십을 보여주었던 사람들이었을 것입니다

내 위에 군림하고 권세를 부린 사람들 권위적이고 가까이 할 수 없는 친구 같지 않은 사람들은 그런 권력형 리더십은 전혀 내 삶에 영향을 끼치지 않았습니다 .

여러분의 삶에 영향을 끼친 사람들을, 여러분의 삶에 영향력을 끼친 사람들은 모두 예수님의 리더십, 즉 서번트 리더십, 프렌즈 리더십의 사람들이었습니다.

미국의 청년 정치가였던 존 케네디(Kennedy, John F.)는 참 짧은 일생을 살았습니다마는 그가 미국 역사, 혹은 세계 역사에 큰 영향을 끼쳤다는 것을 여러분은 잘 압니다. 바로 그의 비서로 11년 동안을 일했었던 이블린 링컨은 "여비서가 본 인간 케네디"라는 책을 썼는데 그것이 일약 베스트 셀러가 되었습니다. 그 내용 중에 이런 말이 있습니다.

"케네디는 겸손한 사람이었습니다. 상원의원이었을 때에도 겸손했고 대통령이 되었을 때에는 더 겸손했습니다. 그와 일을 해본 사람은 다 압니다. 잠깐만 만나보아도 그가 누구라는 것을 잊어버리게 됩니다. 그가 위대한 사람이요, 그가 대통령이요.. 이런 것들을 전혀 생각하지 않게 된다는 말입니다. 케네디는 사람들을 순수한 인간의 모습으로 만났습니다. 그래서 나는 그를 위해 11년 동안을 일했습니다."

섬김이 없는 곳에는 행복이 없고 바로 그 곳이 지옥입니다

부모는 자녀를 소유물로 삼고 자녀위에 군림하기 위해서 이 세상에 온 존재가 아니라 부모는 자녀를 전적으로 섬기기 존재로 이 세상에 왔음을 기억해야 합니다.

남편은 아내위에 군림하고 지배하기 위하여 이 세상에 온 존재가 아니라 남편은 아내를 전적으로 섬기기 존재로 이 세상에 왔음을 기억해야 합니다.

목사는 성도위에 군림하고 지배하기 위하여 이 세상에 온 존재가 아니라 목사는 성도를 전적으로 섬기기 존재로 이 세상에 왔음을 기억해야 합니다.

윗사람은 아랫사람위에 군림하고 지배하기 위하여 이 세상에 온 존재가 아니라 윗사람은 아랫사람을 전적으로 섬기기 존재로 이 세상에 왔음을 기억해야 합니다.

부모는 자녀를 소유물로 삼고 자녀위에 군림하기만 한다면, 남편은 아내위에 군림하고 지배하려고만 한다면 윗사람은 아랫사람위에 군림하고 지배하려고만 한다면 그곳은 지옥입니다.

섬김이 없는 곳에 어떻게 행복이 존재할수 있겠습니까? 섬김이 없는 곳은 바로 지옥입니다. 그곳에는 예수의 섬김의 정신이 없는 곳이기 때문입니다.

예수님은 인간이 어떻게 변화하는지 너무나 잘 아셨습니다. 삶의 자원을 탕진하고 소진한 탕자의 변화를 위해 채찍 대신 아버지의 너그러운 품이 필요한 것을 아셨습니다. 자신의 탐욕으로 삶을 불살라 온 삭개오의 변화를 위해 주님은 너그럽게 그를 받아 주셨습니다. 좌충우돌하며 주님을 부인하기까지 했던 베드로의 변화를 위해 주님은 끝까지 인내하시며 기다려주시고, 새로운 기회를 주셨던 것입니다.

하나님이신 예수님도 섬기기 위해서 섬기는 자로, 섬기는 존재로 이 땅에 오셨음을 기억해야 합니다.

정직한 자에게는 흑암 중에 빛이 일어납니다

고등학교 때 코카콜라 회사에서 아르바이트생으로 일한 한 소년이 있었습니다. 그가 하는 일은 바닥에 흘러내린 콜라를 닦아내는 것이었습니다. 한번은 50개의 콜라 병이 든 상자가 터졌으나 아무도 이것을 닦아낼 생각을 하지 않았습니다. 그때 검은 피부의 한 소년이 바닥에 꿇어 엎드려 콜라를 열심히 닦아내고 있었습니다.

소년은 자메이카 출신이었고 가정은 항상 가난했습니다. 학교성적도 하위권이었지만 소년에게는 남들이 갖지 못한 장점이 있었습니다. 그는 정직하고 성실했으며 시련 앞에 용감했습니다.

결국 그 소년은 '정직'과 '성실'과 '투지'를 자산 삼아 미국의 합참의장이 됐습니다. 이 사람의 이름은 '걸프전의 검은 영웅'인 콜린 파월입니다.

그는 백인도 아니고 앵글로 색슨족도 아니지만 미국인들로부터 존경받는 인물로 손꼽히고 있습니다.

하나님께서는 정직한 자를 주목하십니다

잠언 14장 2절에 "정직하게 행하는 자는 여호와를 경외하여도 패역하게 행하는 자는 여호와를 경멸히 여기느니라"라는 말씀합니다. 정직하게 사는 것이 하나님을 경외하는 것이요, 거짓말하며 사는 것은 하나님을 경멸하는 것입니다.

정직한 자에게 희망과 소망이 있습니다.

> "정직한 자에게는 흑암 중에 빛이 일어나나니
> 그는 어질고 자비하고 의로운 자로다" (시 112:4)

정직한 자를 하나님은 기뻐하십니다.

> "만일 네 입술이 정직을 말하면 내 속이 유쾌하리라" (잠 23:16)

하나님은 정직한 자를 기뻐하십니다. 왜냐하면 하나님은 원래 인간을 정직하게 지으셨기 때문입니다.

> "나의 깨달은 것이 이것이라 곧 하나님이 사람을 정직하게 지으셨으나
> 사람은 많은 꾀를 낸 것이니라" (전 7:29)

정직한 자는 하나님과의 교통을 누립니다.

> "대저 패역한 자는 여호와의 미워하심을 입거니와
> 정직한 자에게는 그의 교통하심이 있으며" (잠 3:32)

> "여호와는 의로우사 의로운 일을 좋아하시나니
> 정직한 자는 그 얼굴을 뵈오리로다" (시 11:7)

정직한 자의 기도를 하나님은 기뻐하시고 정직한 자의 기도는 하나님의 마음을 움직입니다.

> "악인의 제사는 여호와께서 미워하셔도
> 정직한 자의 기도는 그가 기뻐하시느니라" (잠 15:8)

하나님께서는 정직한 자를 보호하시고 그의 앞길을 인도하십니다.

> "생각하여 보라 죄 없이 망한 자가 누구인가
> 정직한 자의 끊어짐이 어디 있는가"(잠 4:7)

> "정직한 자는 그 의로 인하여 구원을 얻으려니와
> 사특한 자는 자기의 악에 잡히리라" (잠 11:6)

> "나의 방패는 마음이 정직한 자를 구원하시는 하나님께 있도다" (시 7:10)

> "그는 정직한 자를 위하여 완전한 지혜를 예비하시며
> 행실이 온전한 자에게 방패가 되시나니" (잠 2:7)

정직한 자는 형통합니다

> "성읍은 정직한 자의 축원을 인하여 진흥하고 악한 자의 입을 인하여 무너지느니라"
> (잠 11:11)

> "악한 자의 집은 망하겠고 정직한 자의 장막은 흥하리라" (잠 14:11)

> "게으른 자의 길은 가시울타리 같으나 정직한 자의 길은 대로니라" (잠 15:19)

> "또 청결하고 정직하면 정녕 너를 돌아보시고 네 의로운 집으로 형통하게 하실 것이라"

(욥 8:6)

"의로운 입술은 왕들의 기뻐하는 것이요 정직히 말하는 자는 그들의 사랑을 입느니라"
(잠 16:13)

정직한 자는 결국 하나님의 은혜를 입습니다

"미련한 자는 죄를 심상히 여겨도
정직한 자 중에는 은혜가 있느니라" (잠언 14:9)

"여호와여 선인에게와 마음이 정직한 자에게
선(은혜)을 행하소서" (시 125:4)

여러분은 정직하십니까? 정직은 결국 어디에서나 누구에게나 드러나는 것입니다. 성경은 아이라도 그 정직이 결국 드러나게 됨을 말씀합니다. 거짓으로 남을 속일 수 있다는 허황된 꿈을 버려야 합니다.

"비록 아이라도 그 동작으로 자기의 품행의 청결하며
정직한 여부를 나타내느니라" (잠 20:11)

여러분은 정직하십니까?

"나는 정직한 자의 형통을 믿는다"라는 책에서 이랜드 박성수 사장은 이렇게 간증합니다.

"1997년 11월,외환 위기가 닥치자 은행은 자신들이 살기 위해 돈을 마구 회수하기 시작했습니다. 저희 회사의 경우도 매출이 떨어지자 매장 주인들이 줄줄이 그만두겠다고 하는데 그러면 보증금을 돌려줘야 했지요.

또, 어떤 회사를 없애기 위해 직원들의 퇴직금을 돌려줘야 하는 경우도 생겼습니다. 매출은 적어지고 돈 나갈 데는 훨씬 많아진 것입니다. 점점 광야가 심해지더니 이듬해 4월부터는 아예 사막이 시작되었습니다.

저희는 금식 기도를 하기 시작했습니다. 하지만 응답이 없었습니다. 급기야 은행에서 부도가 나기 전에 회장을 피신시키라는 전언까지 받게 되었습니다.

그런데 부도가 나기 직전에 기적적으로 외국인 투자자가 들어왔습니다. 그것도 은행이 놀랄 만한 금액을 들고 말입니다. 은행조차 외자 유치를 하지 못하고 있을 때 외국인 투자가 들어오자 은행도 바로 문을 열어 주었습니다.

이 회사는 현금 5억 불을 들고 들어와서 저희에게 10분의 1을 투자했습니다. 5억 불이면 저희 같은 규모의 회사 10개를 살릴 수 있는 큰 돈입니다. 그런데 1년간 나머지 돈을 투자하지 못한 채 4억 5천만 불을 고스란히 가지고 있는 것이었습니다.

제가 이상하게 여기고 물어봤더니 그 외국 투자가도 사고 싶답니다. 그러나 막상 사려고 하면 그 회사의 장부가 두 개랍니다. 사실 우리 회사도 장부가 하나라서 투자했다는 겁니다. 제가 얻은 결론은 하나입니다. 정직하면 손해 볼 때가 많습니다. 그러나 결정적일 때는 정직해서 살아난다는 것입니다"

21세기북스의 책 중에 김성오라는 분이 쓴 "육일약국 갑시다"라는 책이 있습니다. 이 책에서 김성오 대표는 메가스터디 엠베스트에는 네가지 금기 사항이 있다고 말합니다.

첫째, 아닌 것을 맞다고 하지 말 것 둘째, 맞는 것을 아니라고 하지 말 것 셋째, 작은 것을 크게 과장하여 말하지 말 것 넷째, 큰 것을 축소하여 말하지 말 것 등 어렵고 복잡하게 말했지만, 한마디로 "정직"하라는 것이다.

엠베스트 김성오 대표의 성공 비결은 "정직" 이었습니다 많은 사람들이 "정직"을 생각하면 "멍청하다" "사기당한다" "속는다" 등이 시대에 정직은 안 어울린다고 얘기합니다. 그래서 정직한 소수만이 위대한 성공을 거둡니다.

그의 핵심 철학 중 하나는 정직입니다.
"정직은 은행의 예금통장과 같다. 자신이 넣은 정직은 신용과 믿음이라는 확실한 이자를 남긴다. 오래 쌓은 신용은 다른 사람이 훔쳐갈 수도, 빼앗을 수도 없는 성공의 필수 요소이며 큰 밑천이 된다.

워낙 믿을만한 사람이 드문 세상이다 보니, 결국은 정직한 사람에게 거래나 계약의 기회가 주어지기 마련이다. 정직은 가장 큰 경쟁력이 될 뿐 아니라 위험에 처하지 않게 하는 가장 확실한 안전장치 기도 하다."

투명해야 성공한다

과거에는 기업의 투명성이 금기시되는 개념이었습니다. 음식 조리법부터 직원 임금에 이르기까지 대중이나, 회사 직원에게나, 조직의 운영이 불투명할수록 성공할 가능성이 더 높았습니다.[38]

하지만 오늘날 같은 시장에서 경쟁심이 앞서 성공 비결을 지키는 기업들은 오히려 역효과를 낳아 직원 참여가 감소하고 시장에서 브랜드 친화력의 가능성을 억누르는 위험을 감수해야 할 수 있습니다.

---

38) "slack" 사이트 글중 인용

점점 더 긴밀히 연결되는 세상에서 투명성은 새로운 황금률입니다. 잘나가는 회사들은 리더들이 얼마나 많은 돈을 벌고 있는지부터 직원의 다양성이 얼마나 존중되는지, 어디서 어떻게 자원을 조달하는지에 이르기까지 모든 것을 공유함으로써 경제적, 평판적으로 큰 이익을 얻고 있습니다.

기업의 투명성과 직원 만족도 사이의 상관 관계를 보여주는 데이터는 너무나 많습니다. 2018년 미래형 업무 환경 연구에서 조사한 바에 따르면 무려 87%의 직원이 다음에 일할 직장이 투명하길 바란다고 응답했습니다.

4만 명 이상의 직원을 대상으로 설문 조사한 또 다른 연구에서는 투명성이 직원의 행복을 결정하는 첫 번째 요인임이 밝혀졌습니다.

이는 그 어느 때보다 더 유동적인 오늘날의 근로자 대부분이 윤리적인 회사에서 일하기를 원한다는 의미입니다. 더 개방된 회사에서 일할 기회를 고려하는 현재 직원 및 우수 직원들이 자신이 만족할 만한 회사를 선택할 때, 투명성은 인재 확보를 위한 가장 귀중한 자산입니다.

고객의 관점에서도 기업의 투명성은 곧 윤리성을 의미합니다. 컨설팅 회사에서 진행한 설문 조사에 따르면 94%의 소비자가 투명성을 실천하는 브랜드를 선호한다고 응답했습니다. 회사가 정보를 공개하지 않는 경우 소비자는 필요한 정보를 다른 브랜드에서 찾을 것입니다. 회사가 얻을 수 있는 고객 충성도를 굳이 타사에 뺏길 필요는 없겠지요.

"사람을 살피는 데는 눈동자를 보는 것 만한 것이 없다.
눈동자는 그의 악함을 은폐하지 못한다.

가슴속이 바르면 눈동자가 밝고, 가슴속이 바르지 못하면
눈동자가 어둡다.

그러므로 그의 말을 들으면서 그 눈동자를 바라보면 어찌
내심을 숨길 수 있으랴" (맹자)

|8장| 충성하라

"내 눈이 이 땅의 충성된 자를 살펴

나와 함께 살게 하리니

완전한 길에 행하는 자가

나를 따르리로다" (시 101:6)

8장 충성하라

정말 충성스러운 사람은 작은 일과 큰일을 구분하지 않습니다. 하나님이 말씀하신 일이라면 그것이 사람의 눈에 크게 보이든 작게 보이든 사람을 보고 일을 하는 것이 아니라 하나님의 말씀에 순종함으로 일을 하기 때문입니다. 다시 말하면 하나님과의 단순한 사랑(친밀함)의 관계성 안에서 일을 하기 때문에 사람의 판단에 연연하지 않습니다.

이미 주어진 것을 신실하게 충성하면 하나님께서는 더 크고 더 많은 것을 주십니다. 무릇 있는 자에게 더 주시는 것입니다. 이것이 성경적 진리입니다. 있는 자에게 더 주는 것이 충성에 대한 논리입니다.

하나님에게는 작은 일, 큰 일의 구분이 없다

세익스피어는 역사상 가장 위대한 극작가입니다. 그러나 그가 처음부터 그렇게 대접받고 추앙받게 된 것은 아니었습니다. 그가 희곡을 쓰고 싶어 런던에 도착했을 때, 그가 극장에서 얻을 수 있었던 일자리는 관객들이 극장에 타고온 마차의 말을 지키는 일이었습니다.

그러나 그는 그것이 바로 자기가 극장과 연극을 이해하고 배우는 길임을 믿고, 그일을 기꺼이 맡아했습니다. 그리고 그는 역사상 가장 위대한 극작가가 된 것입니다.

채근담에는 "한 생각으로 하늘의 금계를 범하고 한마디 말로 천지의 조화

를 깨뜨리며 한 행동으로써 자손의 재앙을 만드는 수가 있으니 마땅히 작은 일에 경계할지니라" 하였고

미국의 시인인 쥴리아 플래처는 사람의 자그마한 행위가 다른 사람들에게 지대한 영향을 준다는 것을 다음과 같은 '조그마한 것 들' 이란 짧은 시를 통해서 표현했습니다.

"조그마한 물방울들 조그마한 모래알들이 엄청난 바다와 헌칠한 땅을 이루네.
인정도 마찬가지 아무리 조그마한 일이라 할지라도
영원한 자국을 우리 인생에 남기네"

"그런즉 너는 알라 오직 네 하나님 여호와는 하나님이시요 신실하신 하나님이시라
그를 사랑하고 그 계명을 지키는 자에게는 천대까지 그 언약을 이행하시며
인애를 베푸시되" (신명기 7:9)

"우리는 미쁨이 없을지라도 주는 항상 미쁘시니, 자기를 부인하실 수 없으시리라."(디모데 후서 2:13) 말씀합니다. 여기서 "미쁨"이라는 단어는 "신실"이라는 의미입니다. 그래서 새번역은 이렇게 번역합니다. "우리는 신실하지 못하더라도, 그 분은 언제나 신실하십니다"

우리가 흔히 말하는 믿음은 faith이고 신실, 성실은 faithfulness입니다.

사람은 이기적이고 자신의 욕망와 이익을 우선하기에 충성과 신실함은 온전히 사람에게서 나오는 것이 아닙니다. 신실하신 하나님을 만나고 하나님의 역사를 경험하고 성령님이 함께 할 때 우리는 충성하고 신실해집니다.

작은 것에 충성하면 하나님은 큰 것을 맡기신다

"또 어떤 사람이 타국에 갈 때 그 종들을 불러 자기 소유를 맡김과 같으니
각각 그 재능대로 한 사람에게는 금 다섯 달란트를, 한 사람에게는 두 달란트를, 한
사람에게는 한 달란트를 주고 떠났더니

다섯 달란트 받은 자는 바로 가서 그것으로 장사하여 또 다섯 달란트를 남기고
두 달란트 받은 자도 그같이 하여 또 두 달란트를 남겼으되
한 달란트 받은 자는 가서 땅을 파고 그 주인의 돈을 감추어 두었더니
오랜 후에 그 종들의 주인이 돌아와 그들과 결산할새
다섯 달란트 받았던 자는 다섯 달란트를 더 가지고 와서 이르되
주인이여 내게 다섯 달란트를 주셨는데 보소서 내가 또 다섯 달란트를 남겼나이다

그 주인이 이르되 잘하였도다 착하고 충성된 종아 네가 적은 일에 충성하였으매
내가 많은 것을 네게 맡기리니 네 주인의 즐거움에 참여할지어다 하고
두 달란트 받았던 자도 와서 이르되 주인이여 내게 두 달란트를 주셨는데 보소서
내가 또 두 달란트를 남겼나이다
그 주인이 이르되 잘하였도다 착하고 충성된 종아 네가 적은 일에 충성하였으매
내가 많은 것을 네게 맡기리니 네 주인의 즐거움에 참여할지어다 하고

한 달란트 받았던 자는 와서 이르되 주인이여 당신은 굳은 사람이라 심지 않은 데서 거두고
헤치지 않은 데서 모으는 줄을 내가 알았으므로 두려워하여 나가서 당신의 달란트를 땅에
감추어 두었나이다 보소서 당신의 것을 가지셨나이다

그 주인이 대답하여 이르되 악하고 게으른 종아 나는 심지 않은 데서 거두고 헤치지 않은
데서 모으는 줄로 네가 알았느냐 그러면 네가 마땅히 내 돈을 취리하는 자들에게나
맡겼다가 내가 돌아와서 내 원금과 이자를 받게 하였을 것이니라 하고

그에게서 그 한 달란트를 빼앗아 열 달란트 가진 자에게 주라 무릇 있는 자는 받아
풍족하게 되고 없는 자는 그 있는 것까지 빼앗기리라 이 무익한 종을 바깥 어두운 데로

내쫓으라 거기서 슬피 울며 이를 갈리라 하니라" (마 25장)

"지극히 작은 것에 충성된 자는 큰 것에도 충성되고 지극히 작은 것에 불의한 자는 큰 것에도 불의하니라"(눅 16:10)

정말 충성스러운 사람은 작은 일과 큰일을 구분하지 않습니다. 하나님이 말씀하신 일이라면 그것이 사람의 눈에 크게 보이든 작게 보이든 사람을 보고 일을 하는 것이 아니라 하나님의 말씀에 순종함으로 일을 하기 때문입니다. 다시 말하면 하나님과의 단순한 사랑(친밀함)의 관계성 안에서 일을 하기 때문에 사람의 판단에 연연하지 않습니다.

이미 주어진 것을 신실하게 충성하면 하나님께서는 더 크고 더 많은 것을 주십니다. 무릇 있는 자에게 더 주시는 것입니다. 이것이 성경적 진리입니다. 있는 자에게 더 주는 것이 충성에 대한 논리입니다

"있는 자는 받을 것이요 없는 자는 그 있는 것까지 빼앗기리라" (막 4:25)

작은 일에 신실한 것이 충성입니다. 작은 물질에 충성하면 큰 물질을 맡기십니다. 작은 일에 대하여 소중히 여기면 큰 일도 맡겨 주십니다. 작은 일에 충성하지 않으면 큰 일에 충성하지 않을 것으로 하나님은 여기십니다.

충성의 질량은 큰 것이나 작은 것이나 같습니다. 작은 일, 큰 일이 따로가 아닙니다. 충성의 잣대는 작은 일이나 큰 일이나 같습니다. 그래서 '지극히 작은 것에 충성된 자는 큰 것에도 충성되고 지극히 작은 것에 불의한 자는 큰 것에도 불의하니라'고 말씀하셨습니다.

　지극히 작은 것에 충성된 자는 큰 것에도 충성하지만, 지극히 작은 것에 불의한 자는 큰 것에도 불의 한다는 말씀을 하셨습니다. 우리는 이 말씀에서 하나님께서 아주 작은 것이 얼마나 중요하게 여기시는가를 알 수 있습니다. 그런데 많은 사람들은 아주 작은 선이나 아주 작은 악에 대해서 별것도 아닌 것처럼 관심을 가지지 않습니다.

　그러나 하나님은 아주 작은 것에 충성된 자에게도 큰 관심을 가지실 뿐 지극히 작은 불의도 그냥 두지 않으신다는 말씀입니다. 지금까지 지극히 작은 선이나 악에 대해서 별로 관심을 가지지 않았다면 이제부터라도 지극히 작은 것에 충성하고, 지극히 작은 것에도 불의하지 않아야 합니다.

　남의 것에 대하여 충성을 다할 때에 정말로 내 것을 주십니다. 야곱은 미디안의 제사장 이드로의 양을 20년을 쳤습니다. 비로소 하나님은 야곱에게 아내들과 열두 아들들과 수많은 양떼와 소떼와 종들과 함께 고향으로 돌아올 수가 있었습니다. 요셉은 보디발의 집에 종으로서 충성을 하므로 애굽에 총리대신이 되었습니다. 다윗은 어려서 아버지의 양을 지키는 일에 충성을 다 하므로 이스라엘의 왕이 되었습니다[39]

　미국에 강철 왕 카네기씨가 후계자를 지명하게 되자 전 세계의 이목이 쏠렸다. 그 강철회사의 중역들 중에는 두뇌가 명석하고 탁월한 사람들이 많이 있었지만 카네기씨가 지명한 후계자는 쉬브라는 사람이었다. 그도 그럴 것이 쉬브씨는 초등학교 정도밖에 졸업한 사람으로 평범한 인물이었기 때문이다.

---

39) 허창수 글중 인용

그가 후계자로 지명 받게 된 것은 그가 다른 사람들보다 충성자였기 때문이다. 쉬브씨는 그 회사에 들어올 때 정원 청소부로 들어 왔다. 그는 정원만 쓸면 되는데 공장 안에 구석구석을 깨끗하게 청소하곤 하였다.

그런 것을 본 간부들은 그를 직원으로 채용해 주었고 직원이 되어서도 남달리 충실히 하는 것을 사무직으로 옮기게 되고 사무직에서도 가장 신임 받는 비서로 카네기 사장의 손발이 되어주었다. 카네기씨의 비서가 된 쉬브씨는 메모지와 펜을 들고 마치 카네기씨의 그림자처럼 그의 뒤를 따라 다녔다.

카네기씨가 공장 확장과 생산과정에 대한 연구를 하느라고 밤늦게까지 사무실에 있다가 집으로 돌아가려고 자기 사무실 밖을 나서면 그때까지 쉬브씨는 기다리고 있었다.

아무도 없는 줄 알았던 카네기씨는 깜짝 놀라면서 "왜 아직 퇴근하지 않았느냐?"고 물으면 "사장님께서 언제 저를 부르실는지 알 수 없는데 어떻게 자리를 비웁니까?"하는 것이 그의 대답이었다.

그리고 카네기씨의 정원이 넓어서 카네기씨의 집에서 회사까지 사설 철로를 놓고 출근을 했는데 카네기씨가 정류장에 도착하면 그 자리에 쉬브씨가 메모지와 펜을 들고 대기하고 있었다.

이렇게 충성자로 하여금 큰 일을 맡기게 되었다.

충성스런 또 한 사람의 예를 들고자 합니다. 바로 미국의 대통령이었던 지미 카터입니다. 지미 카터는 대통령 선거 유세 기간 중에도 매주일이면 꼭 자기 본 교회에 가서 교회학교를 섬겼습니다. 그렇게 큰 교회도 아니었습니다. 23년 동안 20여 명의 교회학교 학생들을 가르쳤던 것입니다. 대통령에서 퇴임하고 나서도 자기 고향 조지아의 옛 교회로 돌아가 교회학교를 섬기는 일을 계속했습니다. 그 부인 로잘린 여사와 함께 한 달에 한 번씩 교회당을 청소했고 그 모습을 보려고 많은 구경꾼들이 몰려들기도 했습니다.

어떤 기자는 지미 카터의 삶을 조명하며 이렇게 평가하기도 했습니다. "백악관이 목표가 아니었던 유일한 대통령" 카터 대통령은 백악관이 목표가 아니라 하나님이 기뻐하시는 일을 행하는 것이었습니다. 그래서 카터 대통령의 삶은 대통령 재직시보다 그 이후의 삶이 더 아름답습니다. 그가 손수 망치를 들고 집 없는 자들의 집을 지어주는 해비타트 운동을 벌이는 것을 우리는 자주 볼 수 있습니다. 국제적인 분쟁이 있는 곳에는 평화의 해결사로서의 역할을 하고 있습니다.

교회 일에 있어서 충성스러운 자는 '이 일은 내가 할 일이고 저 일은 당신이 할 일이다'라고 하지 않습니다. 주님의 일이라면 나서서 자처해서 맡아서 하는 것입니다. 충성스런 사람에게는 모든 일이 그리스도의 일입니다

교회에 시험이 들때도 충성스러운 자는 '이 교회가 떠나면 다른 교회도 있지?'라고 하지 않습니다. 충성스러운 사람은 작고 어려운 교회라도 바로 이 교회가 그리스도의 교회이고 하나님의 전입니다.

우리 주님에게는 큰 일, 작은 일 구분이 없습니다. 이것이 달란트 비유의 핵심입니다. 따라서 충성스러운 사람에게는 중직, 하찮은 직이 따로 없습니다 오직 그리스도의 일만이 있을 뿐입니다.

하나님, 당신의 충성의 중심을 정확히 보신다

다니엘 7장은 벨사살 왕 원년이라고 밝히면서 시작합니다. 벨사살은 바빌론 제국의 마지막 왕이었습니다. 그는 5장에서 예루살렘 성전에서 느부갓네살이 탈취한 성전 기물로 연회의 술잔과 음식 그릇으로 사용했고, 그 때 손가락이 나타나 벽에 글을 썼습니다. 그 글의 내용이 메네 메네 데겔 우바르신이었습니다. 메네는 세었다, 데겔은 달아 보았다, 우바르신은 나뉘었다는 뜻으로, 하나님께서 바빌론의 벨사살 왕의 통치를 조기에 종식시키겠다는 뜻이었으며, 조기 종식의 이유는 다름 아니라 함량 미달이었기 때문입니다.

하나님의 성전 기물로 연회의 술잔으로 사용한 그 패역한 행위를 하나님의 불꽃같은 눈으로 보시고 '메네' 세어보고 계셨고, '데겔'은 달아 보고 계셨던 것입니다.

주님은 불꽃같은 눈으로 우리의 충성의 중심으로 보고 계시고 알고 계시고 세고 계시고 달아보고 계십니다.

"두아디라 교회의 사자에게 편지하라
그 눈이 불꽃같고 그 발이 빛난 주석과 같은 하나님의 아들이 이르시되" (계 2:18)

눈이 헬라어로 "호프달모스"라고 하는데, 구약으로 가면 "아인"이라고 합니다. 아인은 두 가지 뜻이 있는데, 사물을 보는 "눈"과 물이 흘러나오는 "샘, 샘물"을 의미합니다. 아인은 물리적인 눈 이상의 의미를 가지고 있습니다. 아인은 부분을 보는 것이 아니라 전체를 보는 것, 겉을 보는 것이 아니라, 속을 보는 것을 의미하고 하나님과 하나님의 말씀을 이해하고 순종하는 전체 과정을 의미합니다.

불꽃같은 주님의 질량계는 그 무엇보다 정확하고 빈틈이 없습니다.

신뢰는 거울의 유리와 같다

'신뢰는 거울의 유리와 같다. 한 번 금이 가면 원래대로 하나가 되지 않는다'
(앙리 프레데리크 아미엘 - 스위스 철학자)

충성, 신뢰는 거울의 유리와 같은 것입니다. 그런 의미에서 충성스러운 자가 신뢰를 얻는 것은 당연합니다.

역설적으로 예수께서 가장 신뢰한 제자는 12 제자 중에 가룟 유다였습니다. 그는 제자 공동체에서 재정을 맡은 자였기 때문입니다.

교회에서나 공동체에서나 기업에서나 재정을 맡는 사람은 특별한 신뢰가 없이는 재정을 맡을 수가 없습니다. 특별한 신뢰, 고도의 신뢰가 있는 자만이 교회에서나 공동체에서나 기업에서나 재정을 맡습니다.

돈과 재정을 믿고 맡길수 있는 충성스러움, 신실함과 성실함이 충성의 기본 요소입니다.

물건을 사게 되면재미있는 이야기가 있습니다. 미국사람들은 어디 가서 물건을 사게 되면 "이것이 제일 비싼 것입니까?"라고 묻는다고 합니다. 독일 사람들은 "이것이 제일 튼튼합니까?"라고 묻고, 불란서사람들은 "이것이 최신형입니까?"라고 묻는답니다. 우리 한국 사람들은 "이것, 진짜입니까?"라고 한답니다. 진짜 가짜가 흔들리면 만사가 다 흔들리는 것입니다. 소용없는 것입니다. 신뢰감에 문제가 있습니다.

당신은 진짜입니까? 가짜입니까?

충성스러운 그 사람을 그대 가졌는가?

'그 사람을 가졌는가'

만리 길 나서는 길
처자를 내맡기며
맘놓고 갈만한 사람
그 사람을 그대는 가졌는가

온 세상 다 나를 버려
마음이 외로울 때에도
'저 맘이야' 하고 믿어지는
그 사람을 그대는 가졌는가

탔던 배 꺼지는 시간
구명대 서로 사양하며
'너만은 제발 살아다오' 할
그 사람을 그대는 가졌는가

불의(不義)의 사형장에서
'다 죽여도 너희 세상 빛을 위해
저만은 살려두거라' 일러줄
그 사람을 그대는 가졌는가

잊지 못할 이 세상을 놓고 떠나려 할 때
'저 하나 있으니' 하며
빙긋이 웃고 눈을 감을
그 사람을 그대는 가졌는가

온 세상의 찬성보다도
'아니' 하며 가만히 머리 흔들 그 한 얼굴 생각에
알뜰한 유혹 물리치게 되는
그 사람을 그대는 가졌는가 (함석헌·사회 운동가이며 종교사상가, 1901-1989)

바울은 말합니다.

> "네가 많은 증인 앞에서 내게 들은 바를 충성된 사람들에게 부탁하라
> 저희가 또 다른 사람들을 가르칠 수 있으리라
> 네가 그리스도 예수의 좋은 군사로 나와 함께 고난을 받을지니" (딤후2:2-3)

군사가 가장 충성된 사람들입니다.

군인은 자기 사생활이 없습니다. 군인은 자기 생각도 없습니다. 오직 명령에 따라서 순종할 뿐입니다. 심지어 자기 목숨까지도 내어놓습니다. 군인에게 요구되는 가장 중요한 성품은 '충성'입니다. 대장되신 우리 예수 그리스도를 따르는 사람들에게 가장 요구되는 성품 또한 '충성'입니다.

> "이제 내가 사람들에게 좋게 하랴 하나님께 좋게 하랴 사람들에게 기쁨을 구하랴 내가
> 지금까지 사람의 기쁨을 구하는 것이었다면 그리스도의 종이 아니니라" (갈1:10)

바울은 사람의 기쁨 곧 조직이나 대세나 전통에 충성하지 않았습니다. 오

직 예수 그리스도에게 충성되었고 예수 그리스도를 기쁘게 하는 것이 그의 목표였습니다.

하나님은 오늘도 충성스러운 사람을 통하여 당신의 일을 만들어가십니다. 충성스러운 사람은 하나님과 친밀한 관계에 있는 자이기에 하나님은 이런 자를 통하여 당신의 역사를 이루어가시는 것입니다.

위의 함석헌 시인의 시처럼 성경도 충성스러운 사람에게 부탁할수 있는 그런 충성스러운 사람을 바울은 간절히 찾고 있습니다.

"네가 많은 증인 앞에서 내게 들은 바를 충성된 사람들에게 부탁하라" (딤후2:2)

정말 충성스러운 자는 바울의 고백처럼 함석헌 시인의 시처럼 성경도 충성스러운 사람에게 부탁할수 있는 그런 충성스러운 사람입니다
여러분은 신앙적으로나 사회적으로 그런한 사람입니까?

"네가 많은 증인 앞에서 내게 들은 바를 충성된 사람들에게 부탁하라" (딤후2:2)

"또한 모세는 장래에 말할 것을 증언하기 위하여 하나님의 온 집에서 종으로서 신실하였고
그리스도는 하나님의 집을 맡은 아들로서 그와 같이 하셨으니
우리가 소망의 확신과 자랑을 끝까지 굳게 잡고 있으면 우리는 그의 집이라" (히 3:5~6)

작은 일이 중요하다

18세기 영국의 건축가 크리스토퍼 렌이 세인트 폴 성당을 재건할 때의 일입니다. 여러 해가 걸리는 그 큰 공사를 추진해나가던 어느날 크리스토퍼

렌은 평상복 차림으로 공사 현장에 나가보았습니다.

그는 채석장에서 돌을 다듬느라고 수고하는 한 사람에게 물었습니다. "지금 무슨 일을 하고 있습니까?" 이 사람은 묻는 사람 얼굴도 쳐다보지 않고 퉁명스럽게 대답합니다. "여섯 자 길이에 석 자 폭 되는 돌을 다듬고 있소"

그는 다시 다른 사람에게 같은 질문을 했습니다. 이 사람 역시 반갑지 않다는듯이 건성으로 대답합니다. "다 입에 풀칠하기 위해서 하는 일이오. 벌써 몇 해째 이렇게 돌만 다듬고 있소"

그런데 세 번째 사람은 똑같은 질문에 이렇게 대답하는 것입니다. "저는 하나님의 집을 짓고 있습니다. 이 거룩한 사역에 한몫 하고 있다는 것이 너무나도 감격스러워서 즐거운 마음으로 이 돌을 다듬고 있습니다."

"멀리가려면 함께 가라"라는 책에서 저자는 아래와 같이 말합니다.

일에 대한 올바른 태도가 중요하다.

자신이 하는 일에 가치를 느끼고 최선을 다하는 모습이 아름답다. 무슨 일을 하느냐 보다 그 일을 어떻게 하느냐가 더 중요하다. 입을 잔뜩 내밀고 마지 못해 일 하는 것보다는 그 일이 세상의 전부인양 몰입해서 일하는 사람이 보기에 좋다.

호텔에서 겪은 일이다. 갑자기 비가 내리자 호텔직원은 매트를 들고 와 정문 입구에 깔려고 했다. 발로 대충 까는 게 아니다. 자세를 숙여 바닥에 놓고 이리저리 움직이며 각을 조절했다. 여기서 끝나지 않고 몇 발자국 뒤로 물러서서 자신이 놓은 매트를 바라보며 똑바로 되었는지 조정하고서야 자리를 떴다. 작은 일에 그토록 충실한 사람은 어떤 일을 하더라도 자신의 일이 권태롭거나 단조롭다고 느끼지 않을 것이다. 더 맞는 일을 찾아 헤맬 리 없다.

10년 전쯤 전자회사 AS를 하는 기사들에게 자신이 하는 일을 표현하라고 했더니 어떤 사람이 이렇게 얘기했다. "저는 사람들을 행복하게 하는 일을 합니다. 냉장고를 고치면서 사람들은 시원한 음료수를 기분 좋게 마시고 신선한 요리를 먹게 됩니다. 텔레비전을 고쳐주면 그들의 저녁시간이 즐거워집니다. 제가 하는 일은 사람을 행복하게 하는 일입니다."

세상에는 두 종류의 사람이 있다

지금 하는 일에 몰입해 최선을 다하고 담담히 결과를 기다리는 사람과 지금 하는 일을 대충 하면서 정말 성공하기를 간절히 바라는 사람이 그것이다. 흔히 자신이 좋아하는 일을 하라고 하는데 전제조건이 있다. 바로 자신이 하기 싫은 일도 해야 하고, 그 일이 무엇이 되었건 최선을 다하는 것이다.40)

한 임금이 백성들 마음을 알기 위해 왕래가 끊긴 깊은 밤에 큰 길에 커다란 돌을 가져다 놓았다. 아침이 되자 사람들은 인상을 쓰면서 지나갔다. 도대체 어떤 사람이 이런 짓을 했느냐며 욕을 하며 지나갔다. 포도청 관리도 그랬고 모두 그랬다. 근데 얼마 뒤 한 농부가 수레를 끌고 지나가다 그 광경을 보았다. 이렇게 큰 돌이 길 중간에 있으면 얼마나 불편할까 생각한 그는 수레를 이용해 돌을 치웠다. 그런데 돌이 놓여있던 자리에 비단으로 만든 보자기가 있었다. 자세히 보니 거기에는 왕이 친필로 쓴 편지와 금 100냥이 들어있었다. 편지에는 "이 돈은 돌을 치운 사람의 것이다"라고 쓰여 있

---

40) 도서 "멀리가려면 함께 가라"에서 인용

었다. 뭔가 바라고 한 일이 아니지만 결과적으로 해피엔딩이다.

부자가 하인 두 사람을 놓아주기로 했다. 주인은 하인에게 마지막으로 새끼줄을 꼬라고 했다. 한 사람은 불평을 하면서 대충 꼬았고 다른 한 사람은 열심히 최선을 다해 새끼를 꼬았다.

다음날 아침 주인은 이렇게 말했다. "이제 너희는 자유의 몸이다. 애써 일한 대가로 어제 꼬았던 각자의 새끼줄에 여기 있는 엽전을 낄 수 있는 만큼 끼워서 떠나라" 결과는 어땠을까? 최선을 다한 하인은 많은 엽전을 가지고 갈 수 있었지만 대충 꼰 하인은 그렇지 못했다.

한 치 앞을 내다보지 못하는 것이 인간의 삶이다 우리가 할 수 있는 최선의 행동은 지금 하는 일에 정성을 다하는 것이다. 누군가를 의식해서 하는 행동보다 아무도 보지 않을 거란 것을 알면서 하는 행동이 그 사람의 진짜 됨됨이를 말한다.

"우리 중에는 주님의 위대한 일을 하고자 하는 사람은
많지만 작은 일을 하려는 사람은 얼마 없다"
(D.L.무디)

| 9장 | 절제하라

· 성령의 9가지 열매중 가장 중요한 열매, 절제

· 무절제는 브레이크 없는 자동차와 같습니다

· 절제는 강력한 성령의 역사입니다

"자기의 마음을 제어하지 아니하는 자는
성읍이 무너지고 성벽이 없는 것과 같으니라"
(잠 25:28)

9장 절제하라

7200여 년 전 일본에서 활약하였던 사상가로 미즈노 남보쿠란 인물이 있다. 당대에 일본 정부로부터 '대일본인'이란 칭호마저 받았던 분이니까 영향력이 대단한 분이었던 것 같다. 최근에 그가 남긴 '절제의 성공학'이란 제목의 책이 바람출판사에서 출간되었다[41].

그는 10세 즈음에 부모를 잃고 삼촌 댁에서 자랐다. 10대 때에 술과 도박, 싸움질을 일삼다가 18세에 감옥에 가게 되었다. 그런데 그가 옥중 생활을 하게 되면서 동료 죄수들의 얼굴을 보니 한결같이 일반인들과 다른 점이 있는 인상들이었다.

이에 흥미를 느낀 그는 출옥 후 운명학자를 찾아가 자신의 관상을 봐 달라고 했다. 아마 당대 일본 사회 전체에서 인정받는 고수급이었던 것 같다. 그의 상을 본 후 일러 주기를 앞으로 1년 안에 칼에 맞아 죽을 운명이라고 하면서 그 재난을 피하려면 입산수도(入山修道)하는 길밖에는 없다고 하였다.

이에 충격을 받고 그는 가까운 사찰로 가서 받아 주기를 간청하였다. 그러나 덕망이 높으신 주지 스님이 그의 얼굴을 찬찬히 살피더니 "그대는 얼굴에 살기가 있어 절에 들어오기엔 부적합하니 앞으로 1년간 집에서 보리밥에 흰콩으로만 절제된 식사를 하고 나서 1년 후에 다시 찾아오라."고 일러 주는 것이었다.

이때부터 그는 1년간 한 끼도 거르지 않고 보리밥에 흰콩으로만 식사를 하는 절제된 생활을 하였다. 그런 지 1년 후 그는 1년 전에 찾았던 운명학자를 다시 찾았다. 그의 얼굴을 본 운명학자는 놀라며 묻기를 "어떻게 그간에 상(相)이 바뀌었느냐?"고 하는 것이었다. 그가 1년간 절제된 생활을 하게 된 내력을 말해 주었더니 답하기를 "절제된 생

---

41) 김진홍 글중 인용

활은 운명을 바꾸고 하늘의 뜻을 바뀌게 한다."고 일러 주었다. 그 후 그는 9년간을 뼈를 깎는 정진을 쌓아 당대 일본 최고 수준의 사상가의 지위에까지 올랐다.

이 이야기는 이웃 나라 일본에서의 한 실화이고 그것도 200여 년 전에 있었던 이야기이다. 그리고 영적 차원이 아닌 수도와 정진을 기본으로 삼는 세상 수행자들의 이야기이다.

우리들 크리스천들의 경우는 하늘로서 임하는 계시와 하나님의 섭리의 손길과 성령님의 역사하심에 자신을 맡기는 사람들이기에 이런 세상 차원을 완전히 초월하는 높은 경지에 이르게 된다.

세상의 수행이 아무리 탁월하여도 하늘로부터 임하는 성령님의 감동과 능력에는 도저히 미치지 못한다. 그러나 미즈노 남보쿠의 삶에서 우리가 배워야 할 바가 있다. 절제된 삶이 하늘의 뜻까지 바뀌게 한다는 점이다.

잠언 16장 32절에 이르기를 "자신의 마음을 다스리는 자, 곧 절제된 삶을 사는 자는 어떤 용사보다 뛰어나다."고 한다. 그리고 고린도전서 9장 25절에 이르기를 "승리를 기대하는 자는 모든 일에 절제한다."고 한다. 우리들의 신앙생활에서 맺어야 할 성령의 열매 중에 최고의 열매가 바로 절제이다. 우리 모두 나 자신을 다스리는 절제된 삶에 자신을 투자하여 하나님께 영광을 돌리고 교회를 빛나게 하는 자들로 거듭나야겠다.

성령의 9가지 열매중 가장 중요한 열매. 절제

"절제는 불에 장작을 넣는 것이요, 통에 음식을 넣는 것이며, 물 함지에 밀가루를 넣는 것이요, 지갑에 돈을 넣는 것이며, 나라의 신용을 얻는 것이요, 지갑에 돈을 넣는 것이며, 나라의 신용을 얻는 것이요, 가정에 만족을 얻는 것이며, 자녀에게 옷을 입히는 것이요, 육체에 생기를 불어넣는 것이며, 두뇌에 지력을 넣는 것이요, 전신에 원기를 넣는 것이다"

(벤자민 프랭클린)

미국은 SALES TAX, 소비 지수를 매우 중요하게 생각하다 보니 사람들의 지갑을 열게 하는 정책이 주된 경제 정책입니다. "버는 대로 쓰라, 벌지 못하면 빌려서라도 쓰고 벌어서 갚아라"고 독려하는 그런 사회 제도입니다. 차나 집이나 학교나 모두 미리 갖다 쓰고 살면서 갚으라고 가르칩니다. 이런 세상에 살다 보니 "절제"란 말은 거의 가르쳐 질 수 없습니다

어떤 일본인이 쓴 "운명을 만드는 절제의 성공학"이란 책을 보았습니다. 저자는 쓰기를, '성공적 운명' 만들기 제1원칙은 '절제'이며, "모든 성공한 사람들은 '절제'를 실천한 사람들이다."라고 했습니다. 그 저자는 절제의 습관이 그 사람의 운명을 만든다고 반복적으로 강조했습니다.

그리고 오늘날 성공한 사람이 적은 이유는 절제를 실천하는 사람들이 드물기 때문이라고 진단하며 절제의 결심을 이끌어 주기 위해 책을 내었다고 했습니다. 저자는 성경적 진리를 통해 '성령의 열매로서의 절제'에 대해 알지 못했기 때문에 진단은 어느 정도 맞았지만 처방이 전혀 맞지 않았습니다

간단한 예를 들어 봅시다. 좋은 차가 있습니다. 힘도 좋고 속도도 잘 나는 좋은 차라면 거기에는 가장 중요하고도 필수적인 요소는 브레이크의 성능입니다. 달리는 것보다 어떠한 환경에서나 운전자의 뜻대로 잘 조절이 되는 것이 가장 중요합니다. 코너링 때는 브레이크가 듣지 않는다, 평탄한 길에서는 좋은데 내리막길에는 브레이크가 말썽을 일으킨다는 등의 어떤 상태에서는 조절이 잘 되지 않는 차라고 하면 그 차를 좋은 차라고 말하지 않습니다. 그런 차는 누구도 운전할 수 없습니다.[42]

---

42) 이상 말씀교회 피터윤 글중 이용

항상 가장 중요한 순서는 마지막입니다. 음악회를 해도 주인공은 마지막에 나옵니다. 모든 과정은 마지막 결론을 위함입니다.

성령의 마지막 열매가 절제인 것은 분명 하나님의 뜻이 있습니다.
이제까지 우리가 살펴본 성령의 열매는 사랑, 기쁨, 화평, 오래참음, 자비, 양선, 충성, 온유입니다. 절제는 이 모든 성령의 열매와 어떤 관계일까요?

절제는 히브리어로 '샤마르'라고 합니다. '지킨다', '보호하다'라는 뜻입니다. 무엇을 지키나요? 마음을 지킵니다. 잠언 4장 23절입니다.
"무릇 지킬 만한 것보다 더욱 네 마음을 지키라. 생명의 근원이 이에서 남이니라"

마음을 지키지 않으면 모든 것을 잃습니다. 잠언 25장 28절입니다.
"자기 마음을 제어하지 아니하는 자는 성읍이 무너지고 성벽이 없는 것과 같으니라"

마음, 특히 감정을 제어하지 못하면 그동안 쌓아놓은 것이 일거에 허물어진다는 말씀입니다. 오죽하면 이런 말이 있겠습니까? '분노를 죽이라 분노가 너를 죽이기 전에'

무절제는 브레이크 없는 자동차와 같습니다

또한 절제는 인생을 제대로 사용하는 비결이기도 합니다.
절제하지 않으면 인생을 사용할 수가 없습니다. 절제는 한자 그대로 해석하면 맺고 끊는 것입니다. 할때와 하지 않을 때, 그리고 앞으로 나아가야 할때와 멈출 때를 아는 것이 절제입니다.
절제는 인생의 브레이크라고 할수 있습니다. 자동차에 브레이크가 없으면 어떻게 되겠습니까? 죽음의 흉기가 될 뿐입니다. 절제하지 못하는 사람은 브레이크 없는 자동차와 같습니다.

무엇보다 절제는 성령의 열매들을 제대로 사용하는 비결이기도 합니다. 충성이 좋지만 충성도 절제가 있어야 합니다. 충성한다고 교회에만 붙어있으면 안되는 것입니다. 사랑해야하지만 그 때와 장소와 필요에 따라 잘 맺고 끊어야 합니다. 기쁨과 화평과 오래참음과 자비와 양선과 온유 모두가 절제를 통해 조절되어야 합니다.

절제를 못하기로는 지구상에서 인간이 제일 문제입니다. 짐승들은 배가 부르면 사냥을 하지 않습니다. 본능적으로 그들은 절제하는 것입니다. 그러나 인간은 배가 불러도, 창고에 먹을 것이 가득해도, 욕심을 내려놓질 못합니다. 자기에게 굳이 필요가 없어도 남에게 좋은 일이 되는 것이 싫어서 욕심을 내기도 합니다. 인간의 탐욕은 통제불능입니다. 이 탐욕이 인간을 서로 싸우게 하고 죽이고 무너지게 합니다.

절제가 아니면 인생을 지킬 수가 없는데 인간은 절제할 수 없는 죄인이니 어찌하면 좋은가요? 그래서 바울은 절제가 성령의 열매라고 하는 것입니다. 하나님의 선물이라 하는 것입니다. 인간은 결코 스스로 절제할 수 없습니다. 오직 하나님이 절제를 주셔야 합니다. 이 절제를 어떻게 받을 수 있을까요?

절제는 강력한 성령의 역사입니다

절제의 헬라어 원어는 에크라테이아입니다.
'무엇 안으로'라는 뜻의 엔이라는 접두어와 '힘 또는 권력'을 뜻하는 크라토스의 합성어입니다. 절제의 뜻을 풀이하면 권력 안에 있다라는 뜻입니다. 좀

더 신학적으로 풀이하면 절제는 하나님의 통치권 안에 있는 태도를 말합니다. 하나님의 주권을 인정하고 순복하는 사람들의 태도가 절제입니다.

그렇다면 하나님의 주권아래 있다는 것이 무엇인가요?
우리는 앞장에서 온유에 대해 말씀을 나누었습니다. 온유는 하나님의 따뜻하고 부드러운 성품에 물들어 닮아가는 것입니다. 이 온유가 우리 영혼에 쌓이고 채워지고 각인되면 절제가 됩니다. 온유가 거룩한 태도로 체화된 것이 절제입니다. 하나님의 온유하심에 실제적으로 다스림을 받는 상태가 절제입니다. 하나님의 뜻에 사로잡힌 태도가 절제입니다.

절제는 하루 아침에 생겨나지 않습니다. 하나님의 통치에 계속 다스림을 받아야 합니다. 하나님의 통치가 무엇입니까? 그것은 은혜의 통치입니다. 십자가의 통치입니다. 한량없는 하나님의 은혜에 구원받은 죄인으로 날마다 고백하고 살아갈 때 우리의 태도는 오직 하나뿐입니다. 충성입니다.

하나님은 이 거룩한 태도와 습관을 주시기 위해 절제를 훈련시키십니다. 하나님께서 이스라엘을 광야에서 인도하실 때도 만나는 하루 먹을 양만 내려주셨습니다. 욕심을 부려 아무리 많이 가져가도 하루가 지나면 썩어 먹을 수 없게 하셨습니다. 하루 하루 자족하도록 감사하도록 절제하도록 훈련하셨던 것입니다.

또 예수님은 우리에게 일용할 양식을 주옵시고라고 기도하게 하셨습니다. 내게 일용할 양식이 있으면 그만인 것이 아니라. 혹시 내 이웃에게도 일용할 양식이 있는지 살피라는 것입니다. 그래서 모두가 같이 먹을 수 있도록 기도하라는 것입니다. 절제는 자기를 넘어 모두의 화평을 위한 덕목이 됩니다. 절제는 화평을 위한 필수적인 훈련입니다.

이 절제훈련은 영적으로도 이루어졌습니다.

성령을 받으면 자기 통제, 자기 절제가 가능합니다. 성령님은 질서의 하나님이십니다. 아무리 놀라운 은사를 받았다 해도 절제할 수 없다면 성령의 역사가 아닙니다.

성령의 역사와 사탄의 역사를 구분하는 방법은 아주 단순하고 명쾌합니다. 교회의 질서를 지킨다는 것입니다. 목회자의 영적 권위를 인정하고 그 권면에 순종합니다. 성령의 역사 중에는 아주 요란하고 놀랍도록 역동적인 현상도 있습니다. 온 몸에 진동이 임하여 자기도 어쩔수 없는 상태에 이르기도 합니다. 그때 이 모든 상황을 통제할 수 있는 사람은 목회자입니다. 목회자가 절제하도록 권면하면 성령받은 사람은 순종합니다. 그러나 사탄의 역사는 이를 거역합니다. 이를 일상적인 경건생활을 할 때도 똑같이 적용해 보십시오. 절제가 내 신앙의 기준입니다.

하나님은 그리스도인을 왜 훈련시키십니까?

이기게 하시기 위함입니다. 고전 9장 25절입니다.
"이기기를 다투는 자마다 모든 일에 절제하나니 저희는 썩을 면류관을 얻고자하되 우리는 썩지 아니할 것을 얻고자 하나라"

사도바울은 고린도지역에서 2년마다 열리는 올림픽경기를 보았습니다. 올림픽에 출전하는 선수들은 약 10개월여 동안 근신하고 훈련하고 연마하여 자신의 능력을 최대치로 끌어올렸습니다. 올림픽은 가장 강력한 사람이 되기 위해 경쟁하는 축제였습니다. 바울은 올림픽에서 최후에 이기는 자가 되기 위해 선수들이 얼마나 절제하고 극기하고 훈련하는지를 보고 그리스도인들에게 말하는 것입니다.

'이기기를 다투는 자마다 모든 일에 절제 하나니'

그렇다면 그리스도인은 누구를 이겨야 하나요? 성경은 사탄을 이기라 합니다. 그런데 사탄은 항상 내 맘대로 살라고 내 혈기대로 정욕대로 살라고 유혹합니다. 그러니 사탄을 이기려면 먼저 내 자신을 이기면 됩니다. 절제를 가르쳐주는 어린이 동화를 읽으니 이렇게 절제를 설명합니다.

절제, 스스로를 이기는 비결. 자기를 이기는 사람을 아무도 이길수 없습니다.

절제할 줄 아는 사람은 하나님의 통치를 받는 인생입니다. 그는 삶의 현장에서 말씀을 이루는 사람입니다. 그렇게 말씀을 이룰 때 사탄을 이기고 세상을 이기고 궁극적으로 나를 이기며 비로소 내 인생의 진정한 주인공이 됩니다. 절제는 비로소 내가 나를 온전히 다스릴 수 있게 합니다. 내 인생을 비로소 제대로 사용할수 있게 합니다. 나의 재능 나의 기회, 나의 열정, 나의 감정, 심지어 나의 분노와 자아까지도 제대로 사용할수 있게 합니다.

> "절제는 이성의 허리띠요. 격정의 신부이며,
> 영혼의 힘이요. 선과 도덕의 기초이다" (제레미 테일러)
>
> "절제는 육체적 경건이다. 그것은 거룩한 명령을
> 육신에 보존하는 것이다" (데오도 파커)